neue frau
herausgegeben von
Angela Praesent

Märta Tikkanen
Aifos heißt Sofia

Leben mit einem
besonderen Kind

Nachwort von
Katarina Michelsson

Deutsch von
Astrid Arz

rororo

Rowohlt

Die schwedische Originalausgabe erschien 1982
unter dem Titel «Sofias egen bok»
bei Bokförlaget Trevi, Stockholm
Umschlag Isa Petrikat-Velonis
Deutsche Erstausgabe

Veröffentlicht im Rowohlt Taschenbuch Verlag GmbH,
Reinbek bei Hamburg, Juli 1983

Gesetzt aus der Sabon (Linotron 404)
Gesamtherstellung Clausen & Bosse, Leck
Printed in Germany
580-ISBN 3 499 15166 9

Ursprünglich hatten Sofia und ich vor, dieses Buch gemeinsam zu schreiben. Wir wollten unsere Erinnerungen austauschen und dann jede für sich das erzählen, was sie bewegt.
Aber es hat sich so ergeben, daß ich viel mehr geschrieben habe als Sofia, die ihre Gedanken und Gefühle in Zeichnungen und Plastiken ausgedrückt hat. Während ich ihr vorgelesen habe, was ich geschrieben hatte, hat sie mit Pinsel oder Malkreide in der Hand zugehört.
Wir haben auch über ihre Träume geredet, ihre Tagträume und ihre Nachtträume, die beide eine so wichtige Rolle in ihrem Leben spielen. Aber die wollte sie weder selbst aufschreiben noch mich darüber schreiben lassen.
«Erzählen ist gut», hat Sofia gesagt. «Aber wir erzählen trotzdem nicht alles bis aufs letzte.»
«Sieh mal, wie viele schwere Wörter du immerhin richtig geschrieben hast, auch wenn du jetzt im Rechtschreiben durchgefallen bist», heißt ein Satz in diesem Buch.
Die Volksschullehrerin Margit Cavonius war es, die einer traurigen kleinen Schülerin einmal vor langer, langer Zeit diesen Satz gesagt hat.
Sie war Sofias Großmutter, meine Mutter.
Ihr ist Sofias Buch gewidmet.

MT

Den Kommentar zur MDB aus medizinischer Sicht hat die Dozentin Katarina Michelsson verfaßt, stellvertr. Oberärztin der II. Pädiatrischen Abteilung der zentralen Universitätsklinik Helsinki.

An diesem Montagmorgen, der so anfängt wie jeder Montag morgen, ist Sofia sieben Jahre, zehn Monate und etwa eine Woche alt.
Ich wecke Sofia immer als erste, weil sie am meisten Zeit braucht, um sich anzuziehen. Trotzdem fehlt sie oft noch am Frühstückstisch, wenn die drei älteren Kinder schon eingetrudelt sind.
Sofia steht nicht gerne auf.
«Geh weg, geh weg!» schreit sie wütend und zieht sich die Decke über die Ohren. Kurz darauf ruft sie nach mir: ich soll kommen und ihr beim Anziehen helfen.
Ich rufe aus der Küche zurück, ich sei gerade mit anderem beschäftigt. Es ist mir am liebsten, wenn sie sich selbst anzieht. Das kann sie nämlich; außerdem ist es wichtig für sie, es zu üben, und das weiß sie auch. Aber sie weiß genausogut, daß wir alle im selben Auto in die Stadt fahren; niemand verläßt das Haus, bevor sie fertig ist. Deshalb sitzt sie oft lange und geruhsam mit ihrer Strumpfhose in der Hand auf der Bettkante. Bis es für sie zu spät ist, sich allein fertigzumachen.
Auch an diesem Morgen endet es damit, daß ich ihr helfe. Sie wehrt sich nicht, plappert auch nicht drauflos wie sonst, wenn sie gute Laune hat.
Als wir endlich in die Küche kommen, setzt sie sich aus Versehen beinahe neben den Stuhl. Es fällt mir auf, aber ich denke nicht weiter darüber nach. Sofia ist oft ein wenig ungeschickt.
Sie ißt nichts, sitzt nur da und starrt vor sich hin.
«Mach schon», sage ich und möchte ihr Milch über die Cornflakes gießen.
«Kann ich selber»; Sofia wird böse und nimmt mir den Milchkarton aus der Hand. Dann kippt sie ihn, und in einem Sturzbach fließt die Hälfte der Milch auf den Tisch, neben den Teller.

«Hähähä, daneben ...» fängt einer der Brüder an, aber ich bringe ihn sofort zum Schweigen – es macht nichts, sage ich, wir haben heute genug Milch da – und wische dabei den Tisch ab, hole noch einen Milchkarton, gieße ihr die Milch ein, wische den Rest unter ihrem Stuhl weg und quassele weiter.
Sofia reagiert nicht. Mit einem teilnahmslosen, kaum merklichen Lächeln und leicht schiefem Kopf sitzt sie still da, ohne sich zu rechtfertigen, wie sonst, wenn sie am Eßtisch etwas umstößt – «Er hat mich geschubst», «Ich kann nicht, wenn du mich so anstarrst» –, sie sagt gar nichts.
Wir essen alle weiter; während ich meinen Tee trinke, lasse ich Sofia nicht aus den Augen. Ich sehe, wie sie die Hand mit dem Löffel anhebt, wie die Hand wieder auf den Tellerrand fällt, der dadurch ins Schwanken gerät; wie sie erneut ansetzt und die Hand wieder zurück auf den Teller fällt, schwerer diesmal; ich kann nicht mehr eingreifen, die Milch fließt über den Tellerrand auf den Tisch, die Hand liegt still und schwer am Teller, mitten in der Milch und den Cornflakes liegt ihre rechte Hand.
«He, paß doch auf! Siehst du denn nicht, du verschüttest ja die Milch, und auf meine saubere Hose!» ruft ihr großer Bruder, der neben ihr sitzt.
Aber Sofia reagiert immer noch nicht.
«Da stimmt etwas nicht», sage ich.
Ganz leise, aber doch so, daß es alle hören können.
Dann nehme ich Sofias Hand und spüre, wie sie in meiner Hand zittert und bebt; ich lege einen Arm um sie, richte sie auf und führe sie vom Eßtisch weg in ihr Zimmer, lege sie aufs Bett. Sie kommt widerstandslos mit; ihr Kopf hängt ein wenig schief, die Hand zittert, und schleift sie nicht das eine Bein nach?
Während Sofias Vater bei ihr sitzt, rufe ich die Gesundheitsbehörde an. Als ich wiederkomme, ist sie wieder ganz die alte, setzt sich wütend auf, will in die Schule; wir sollen sie nicht so anstarren, sagt sie – «Was glotzt ihr denn alle so, ich will nicht zur Untersuchung, ich will in die Schule, geht weg, geht alle weg hier!»
Aber wir fahren sie nicht in die Schule, sondern zur Gesundheitsbehörde, wo der Psychiater sie in Augenschein nimmt, aber nichts weiter feststellt als eine erhöhte Reizbarkeit des rechten Arms und rechten Beins im Unterschied zur linken Körperseite.

Sofia will seine Fragen nicht beantworten, aber er bleibt ruhig und freundlich und sagt, wir könnten am Nachmittag wiederkommen, wenn die Neurologin im Haus sei.
Wir müssen eine Stunde warten, weil man uns einen Termin außer der Reihe gegeben hat, und Sofia ist ungeduldig und gespannt. Dann kommt der Psychiater vorbei und sagt, wir seien bei der Neurologin dran.
«Es ist überhaupt nicht schlimm», sagt er. «Sie hat genausoviel Angst wie du.»
Mir ist nicht ganz klar, was er meint: hat Sofia genausoviel Angst wie ich, oder hat die Neurologin soviel Angst wie ich oder wie Sofia, oder wer hat Angst vor wem und warum? Aber sein Tonfall ist gelassen, und es klingt in dem Moment beruhigend, daß der eine genausoviel Angst hat wie der andere.
Auch jetzt passiert nichts Dramatisches. Sofia muß auf einem Bein hüpfen (wozu sie keine Lust hat) und den Finger an die Nase führen (wozu sie auch keine Lust hat) und der Neurologin nachmachen, was sie mit Armen und Beinen tut (wozu sie genausowenig bereit ist). Aber nach und nach läßt sie sich doch dazu bewegen, all das zu machen.
Ich werde befragt und erzähle alles, was ich weiß.
Die Neurologin sagt, Sofia solle untersucht werden. Sofia wird in die Räume der Gesundheitsbehörde aufgenommen, von Kopf bis Fuß untersucht und bekommt eine Diagnose.
Wir werden endlich Gewißheit haben.

Ich nehme zwei Löffel Rizinusöl. Zunächst nur einen, weil mir die letzte Geburt noch zu deutlich im Gedächtnis ist, als wir es im letzten Moment noch zum Krankenhaus geschafft haben. Zwei Löffel Rizinusöl und zwei Preßwehen – ein Gefühl wie bei einem Erdrutsch. Das war fast zu viel auf einmal.
Diesmal komme ich mit einem Löffel aus. Mit einem kleinen Löffel. Mein viertes Kind ist unterwegs; es ist Samstag nachmittag, und ich möchte in die Klinik, solange ich noch einen Babysitter für die anderen drei Kinder bekommen kann.
Aber es tut sich nichts, obwohl wir am Strand spazierengehen. Es ist der erste April, ein kühler, klarer Tag, in der Bucht ist es windig. Das Wochenende soll schön werden, da fahren sicher viele weg, und ich muß jemanden erreichen, bevor alle schon etwas vorhaben.
Also nehme ich nach ein paar Stunden noch einen Löffel, der etwas größer ist, aber nicht so groß wie damals. So etwas möchte ich lieber nicht noch einmal durchmachen.
Stunden später spüre ich etwas. Doch, ein ganz deutliches Gefühl im Becken, ein Ziehen im Kreuz. Ich packe meine Tasche und lege Überraschungsgeschenke für die Kinder bereit: drei Bücher, eins neben jedes Bett, damit sie morgen am Sonntag etwas zum Lesen haben, wenn ich nicht da bin. Ich organisiere einen Babysitter, der das ganze Wochenende bleibt.
Dann fahren wir in die Klinik, dieselbe, in der schon mein Mann und meine Mutter, meine Geschwister und ich und auch meine drei ersten Kinder auf die Welt gekommen sind. Inzwischen steht es der Allgemeinheit offen; das Personal ist viel zahlreicher als früher, aber mit seinen verwinkelten Gängen wirkt es immer noch anheimelnd und gemütlich.
Die Hebamme im Empfang kenne ich nicht, obwohl ich zum sieb-

tenmal hier aufgenommen werde; drei Kinder und genauso viele Fehlgeburten, ich fühle mich schon ganz wie zu Hause.
Obwohl es doch jedesmal wieder anders ist.
Man erinnert sich nicht richtig an das vorige Mal. Daß man etwas gespürt hat, das schon; aber nicht, wie.
Nein – jetzt weiß ich es wieder. Wie es davor war, jedesmal wieder.
Aufhören!
Aber jetzt läßt sich nichts mehr aufhalten, und ich will es auch gar nicht. Diesmal habe ich sämtliche Entwicklungsprozesse und Phasen der Schwangerschaft noch genauer registriert als bei meiner ersten Geburt vor fast acht Jahren. Denn eins stand von Anfang an für mich fest: dies ist das letzte Mal. Noch ein Kind, eine Tochter mit roten Haaren – dann ist Schluß. Dann haben wir zwei Mädchen und zwei Jungen, jeweils eins blond und eins rothaarig; das muß genügen. Mehr brauchen wir wirklich nicht. Wenn jetzt bloß alles gutgeht, dann bin ich zufrieden.
Ich freue mich auf dieses Kind, ein geplantes Wunschkind, genau wie alle anderen. Aber es ist doch nicht dasselbe wie bei den anderen, weil es das letzte sein soll. Um dieses Kind werde ich mich viel mehr kümmern können als um die vorigen. Zeit genug habe ich jetzt.
Denn ich werde im Haus bleiben, den Beruf aufgeben.
Ich werde nicht aus freien Stücken Hausfrau, wäre von selbst nie auf den Gedanken gekommen. Aber es geht nicht mehr anders. Mit der Aufsicht über die Kinder klappt es nicht, und meine Kräfte reichen nicht für Beruf und Kinder. Ich habe keine andere Wahl.
Wenn ich schon nicht die Wahl habe, will ich wenigstens das Beste daraus machen. Ich werde Mutter sein, mit ganzer Kraft. Für die anderen drei, die ich nur die ersten vier Monate stillen konnte, ständig auf dem Sprung und hin und her gerissen, ständig hundemüde. Und für dieses letzte Kleine, bei dem ich die ganze Zeit bleiben, dem ich nie davonlaufen werde.
Mein Mutterehrgeiz ist so ausgeprägt, wie es mein Berufsehrgeiz nur sein konnte. Wenn ich schon meine Arbeit und die Atmosphäre, die mir so viel bedeutet, nicht behalten darf, dann soll es meinen Kindern wenigstens gutgehen. Sie bekommen eine Ganztags- und Vollzeitmutter.
Ich lege mir die Hausfrauenrolle vielleicht etwas krampfhaft zu,

aber alles andere war halbherzig. Meine Gedanken kreisen tagein, tagaus um dieses Kind, für das ich nun wirklich genug Zeit und Energie haben werde.
Soweit ich mich erinnern kann, habe ich mir von Anfang an mehr Sorgen um dieses Kind gemacht als um die anderen. Meine Sinne stehen unter Hochspannung, die Aufmerksamkeit ist ganz nach innen gerichtet. Ist alles wie erwartet? Dieselben Gefühle wie sonst? Bewegt sich das Kind, schläft es, wächst es so wie die anderen vor ihm?
Aber alles verläuft genau richtig, und ich sehe selbst ein, daß einzig und allein meine Situation diesmal anders ist. Ich habe mehr Zeit, mir über dieses Kind Gedanken zu machen; bei den drei anderen lief dagegen vom ersten Moment an alles wie selbstverständlich ab.
Es geht aufs Ende der sechziger Jahre zu, eine Zeit, in der die politische Stimmungslage sogar bis zu meinem mit Kindersorgen und Windelwechseln ausgefüllten Leben durchdringt. Ist der Wunsch nach noch einem Kind zu egoistisch, wenn man schon drei gesunde, muntere, gut entwickelte Kinder hat und es genug Kinder auf der Welt gibt, um die sich keiner kümmert? In der allgemeinen Politisierungswelle kommen mir Zweifel, ob ich das Recht habe, mir ein Wunschkind zu wünschen.
Diese Gedanken waren während der ganzen Schwangerschaft da. Ich habe sie immer wieder weggeschoben. Aber jetzt kommen sie plötzlich wieder hoch, während ich auf dem Bett liege und meine Augen den roten Sekundenzeiger der Uhr verfolgen, der immer wieder die Runde macht, obwohl die Zeit stillsteht.
«Wollt ihr das Kind etwa nicht, oder wieso geht nichts?»
Die Worte des Entbindungsarztes.
Die er mir aus heiterem Himmel an den Kopf wirft.
Ich rege mich furchtbar auf.
Sicher, in diesen neun Monaten habe ich lange Zwiegespräche mit mir selbst geführt. Aber meine Lust auf dieses Kind stand dabei nie in Frage, immer nur mein Recht, es auf die Welt zu bringen, zu behalten, das Recht, sich etwas so intensiv zu wünschen. Wie, wenn es schädlich für ein Kind wäre, schon vor der Geburt so viel für einen anderen Menschen zu bedeuten?
Sicher, es scheint, die Wehen lassen nach dem guten Einsatz in den letzten Stunden nach. Aber trotzdem – trotzdem!

Und mit verzweifelter Anstrengung konzentriere ich mich darauf, Wehen zustande zu bringen, sie herbeizuführen, öfter und intensiver. Ich werde es diesem Arzt sofort und augenblicklich zeigen: Ich will ich will ich will; nichts will ich lieber oder mit größerem Recht, als dieses Kind zur Welt zu bringen.
Und das hilft.
Der Rest geht rasch. Eine ruhige, unkomplizierte Geburt, alles ist so, wie es sein soll.
Ich schreie nicht, ich brauche weder Lachgas noch Petidin, ich atme vorschriftsmäßig – keuchen keuchen keuchen –, der Kopf kommt zum Vorschein, ist draußen, das Kind ist geboren
ein Mädchen!
«Ist sie gesund?»
Ich finde, daß sie mit der Antwort zögern, und frage noch einmal nach:
«Ist sie gesund? Ist alles in Ordnung? Ist sie wirklich, ganz bestimmt richtig gesund?»
Man versichert es mir. Ich höre, daß sie Arme und Beine hat und rothaarig ist und so atmet, wie es sich gehört; sie ist gesund, ein richtiger kleiner Mensch, sie ist geboren, alles ist gutgegangen, sie lebt und atmet.
Und ich werde keine Kinder mehr bekommen.
Es ist zehn Minuten vor sechs an einem Sonntag morgen.
Sofia Magdalena soll sie heißen, nach ihrer Ururgroßmutter väterlicherseits, die zu Hause im Goldrahmen an der Wand hängt.

Nur die große Schwester kann ganz richtig «Sofia Magdalena» sagen. Sie wird bald acht, dann kommt sie in die zweite Klasse, und sie ist sehr groß, fast erwachsen.
«Joffia Maggalena» sagen ihre großen Brüder, mit deren Größe es noch nicht weit her ist: der eine ist drei und zehn Monate und der andere ein Jahr und neun Monate alt.
Die Familie ist groß, kleine Kinder gibt es zur Genüge, und die Nächte sind kurz.
Als Sofia und ich gerade fünf Tage zu Hause sind, geht ihr Vater auf eine lange Geschäftsreise ins Ausland, für fünf oder auch drei Wochen. Jedenfalls lang. Und meine Zeit ist keine Zeit mehr, sie besteht aus Stunden: Füttern, Wickeln, Waschen, den anderen Kindern etwas kochen, Waschen, An- und Ausziehen, Füttern, Wickeln, Waschen.
Manchmal ist es hell und manchmal dunkel. Es ist überwiegend hell jetzt im April und im Mai, wo wir eine vaterlose Familie sind und ich das Schlafzimmer mit den weißen Vorhängen mit Sofia teile. Ihr Körbchen habe ich neben mein Bett gestellt, da kann ich sie immer sehen und muß nicht aufstehen, wenn sie mich braucht.
Ich sitze im Bett mit Sofia auf dem Schoß, die auf einem weichen Kissen liegt, damit sie die richtige Lage zum Stillen hat, und ich sehe ihren kleinen Kopf, ihre Nase, ihre roten Haare. Ich werde nie wieder ein Kind stillen. Aber Sofia stille ich so lange wie möglich, mindestens ein halbes Jahr.
Ich finde das Stillen schön, es ist ruhig, gelöst, sinnvoll und vermittelt Nähe; ich bin mit ihr allein, die anderen Kinder dürfen uns in der Zeit nicht stören und auf mir herumklettern.
Aber Sofia bekommt nicht genug Milch. Nach zwei Stunden wacht sie hungrig wieder auf, obwohl sie gerade getrunken hat. Ich kaufe

eine Waage, mit der ich ihr Gewicht kontrolliere und feststelle, daß sie nicht genug Milch bekommt, obwohl ich sie jedesmal auch an die zweite Brust nehme. Ich trinke Weißwein, Orangensaft, Buttermilch, Kaffee und Tee, esse Erdnüsse und schlucke Vitamin E, aber es nützt nichts. Sie wird immer noch nicht satt.
Und ich habe unwahrscheinliche Kopfschmerzen.
Ich bin mit den Kindern allein und kann nie länger als zwei Stunden schlafen, und die ganze Zeit wollen die Kinder essen und trockene Kleider haben, wollen ständig dies und das, rein und raus.
Ich mache hartnäckig mit Muttermilch und mit dem Fläschchen weiter. Ich male mir aus, daß die Milchproduktion zunimmt, wenn das Kopfweh erst einmal aufhört. Aber es hört nicht auf.
Sofia liegt auf meinem Schoß und lächelt, obwohl sie nicht genug Milch bekommt. Sie sieht mich an, während sie saugt, und dann lächelt sie. Sie wird zwar nicht satt, aber sie lächelt ununterbrochen.
Sofias Geschwister waren alle keine so fröhlichen Babies. Sie haben vor Wut geschrien und gebrüllt, wenn sie aufwachten, um zu melden, daß sie noch am Leben waren und auf der Stelle Essen und Aufmerksamkeit haben wollten.
Sofia hat gelacht.
Morgens bin ich davon aufgewacht, daß sie in ihrem Körbchen neben mir lachte. Das Glucksen und Gackern im Korb hieß unmißverständlich: Sofia ist wach.
Daran hat sich bis heute nichts geändert. Nachts kann Sofia aus vollem Hals lachen.

«Über was lachst du, Sofia?»
«Ich hab geträumt.»
«Was hast du geträumt?»
«Es war so lustig. Ich hab so was Lustiges geträumt.»
«Aber was war denn so lustig in deinem Traum?»
«Es war so lustig. Ich muß immer lachen, wenn ich träume, weil es so lustig ist.»
«Weißt du noch, was in deinem Traum so lustig war?»
«Weiß ich nicht mehr. Aber wenn ich einschlafe, weiß ich es wieder. Dann fällt es mir wieder ein. Und dann muß ich lachen, denn Träumen ist so lustig.»

Ich führe kein Tagebuch über Sofias Kleinkinderzeit, habe weder die Zeit noch die Kraft dazu.
Als Gedächtnisstützen habe ich Episoden im Kopf, die an Jahreszeiten oder andere Details anknüpfen, so daß ich sie in der Erinnerung unterbringen kann.
Sofia ist weg.
Sie ist knapp zehn Monate alt und gänzlich verschwunden.
Eben saß sie noch friedlich auf einer Decke und hat auf dem Fußboden gespielt, und jetzt ist sie einfach weg.
Ich laufe durchs Haus und suche sie. Ein Bruder hält sein Mittagsschläfchen, rosig, weich und blond in dem weißen Etagenbett, das er sich mit dem Großen teilt. Das Brüderchen schläft oben, obwohl es kleiner ist, weil der Große nachts umhertappt, während der Kleine mit seinem weißen Teddy im Arm ruhig schläft.
Jetzt ist der Große auch verschwunden.
Aha.
Ich suche also unter Tischen und Stühlen. Und richtig: im Zimmer der Jungen liegen etliche Decken und Kissen unter dem Tisch, und eine Decke hängt geheimnisvoll über die Tischkante.
Dahinter wohnen der Große und Sofia, die beiden rothaarigen Kinder.
Sofia ist puterrot im Gesicht, weil ihr großer Bruder sie in eine Decke gepackt und ein Kissen auf sie draufgelegt hat, damit sie nicht friert. Was sie garantiert nicht tut.
«Na so was!» sage ich zum Ältesten. «Du darfst Sofia doch nicht herumtragen. Du weißt doch, daß du das nicht darfst.»
«Ich hab sie nicht getragen», tönt es treuherzig zurück. «Sie ist gelaufen. Ganz von allein ist sie gelaufen.»
«Wirklich?»

«Sie ist unheimlich schnell gerannt. Guck mal, so.»
Und der Große rast blitzschnell durch den Flur, biegt in die Küche ein, durchquert das Wohnzimmer und kommt genauso wieder zurück. Es geht in der Tat sehr schnell. Sofia hält er dabei an beiden Armen; wie eine kleine Stoffpuppe baumelt sie hinter ihm um die Ecken. Und lacht vergnügt.
«Du darfst sie nicht herumtragen», sage ich. «Stell dir mal vor, wenn du sie fallen läßt!»
«Aber sie will. Das hat sie gesagt. Du kannst selber hören, daß sie es will.»
So ist das. Sofia kann ihrem großer Bruder vieles sagen, zum Beispiel, was sie alles mit ihm machen möchte. Die beiden stecken ziemlich oft zusammen, besonders, wenn der Kleine seinen Mittagsschlaf hält. Der kleine Bruder ist nämlich sehr eifersüchtig auf Sofia, die ihm so frühzeitig seinen Platz als Baby in der Familie weggenommen hat, so daß er viel zu schnell groß werden mußte. Deshalb rächt er sich für jede Zurücksetzung.
Ich wage es nicht, Sofia mit ihm allein zu lassen. Aber der Ältere spielt oft mit Sofia, die immer genau seiner Meinung ist.
Manchmal geht es schief. Wie an dem Tag, bevor sie durch die Wohnung gelaufen ist.
Sofia schreit ganz furchtbar. Sie hört gar nicht mehr mit dem Schreien auf, und ich komme herbeigestürzt.
Mit rotem Gesicht und einer großen Beule auf der Stirn finde ich sie unter dem Wohnzimmertisch, und sie schreit, was das Zeug hält.
Ihr großer Bruder steht daneben.
«Sie ist ein bißchen hingefallen», sagt er.
«Von wo denn?» frage ich.
«Sie hat bloß da auf dem Stuhl gesessen, und dann ...»
«Auf dem Stuhl? Sie hat auf dem Stuhl gesessen?»
«Sie war eine feine Dame, und ich war die andere feine Dame, und sie auf dem Stuhl gesessen und ich auf dem Sofa. Und dann ist sie einfach runtergefallen und hat ganz schlimm geschreit.»
Zum Glück schreit sie. Glücklicherweise ist sie nicht weiß, sondern rot im Gesicht.
Aber nach einer Weile hört sie zu schreien auf, und ihr Gesicht wird weiß. Dabei kommt ihr nichts hoch, sie wird einfach nur ganz blaß.
Ich rufe den Kinderarzt an, mit dem wir in Verbindung stehen, und

er meint, es könne nichts schaden, erst mal abzuwarten. Aber wenn sich nichts ändert, müßten wir in die Kinderklinik.
Es ändert sich etwas. Kurz darauf ist sie wieder ganz rot und so wie zuvor.
Dem Großen fährt der Schreck auch in die Glieder.
«Sie hat gesagt, sie will eine feine Dame sein. Sie wollte im Lehnstuhl sitzen und Kaffee trinken.»
Ich rede auf ihn ein: «Du weißt doch, daß du das nicht darfst. Sie kann noch nicht richtig sitzen.»
Und das stimmt. Mit knapp zehn Monaten lernt sie gerade sitzen, aber sie kann sich noch nicht gut aufrecht halten; es kommt vor, daß sie zusammenklappt und zur Seite kullert. Auf keinen Fall darf sie ohne Hilfestellung auf einem Stuhl sitzen.
Sofia ist noch kein Jahr alt, da steht sie auf und bleibt stehen, wenn man sie festhält. Und als wir in dem Sommer aufs Land fahren – sie ist ein Jahr und zwei Monate alt –, da kann sie krabbeln.
Sie strahlt vor Glück. Alle Hosen, die sie von ihren Brüdern erbt, sind an den Knien durchgescheuert, denn der Hügel vor unserem Haus ist felsig, und jetzt, wo Sofia endlich die Welt draußen erkunden kann, hat sie es eilig damit. Sie krabbelt den Größeren hinterher, die auch nicht besonders groß sind, und alle vier sind viel zu klein, um sich über Wasser halten zu können, falls sie ins Meer fallen, das unter dem schroffen Felsen liegt.
Eine Seite unseres Hauses besteht fast nur aus Fenstern. Mein Mann meint, es seien zu viele und zu große Fenster. Aber ohne so viele Fenster könnte man kaum die vielen Kinder im Auge behalten, die am Strand auf den Felsen herumlaufen, -klettern und -krabbeln. So kann ich bei allem, was ich mache, ein Auge auf sie haben.
Trotzdem ist Sofia eines Tages weg.
Der Briefträger ist gerade gekommen, und bei strahlendem Sonnenschein sitzen wir mit den Zeitungen auf dem Hügel. Alle Kinder spielen in unserer Nähe. Mit einem Auge lesen wir, mit dem anderen beobachten wir die Kinder. Trotzdem ist Sofia absolut verschwunden.
Mein Mann läuft zum Strand hinunter. Ihm fällt ein, wie der Kleine vor ein paar Jahren plötzlich mit seiner wie eine Luftblase geblähten Windelhose auf der Wasseroberfläche dahintrieb. Eben

hatte er noch am Strand gespielt; im nächsten Augenblick schwamm er auf dem Wasser.
Aber der Große hat ihn entdeckt. Er sagte:
«Guckt mal, der Kleine schwimmt.»
Und sein Vater hat ihn aus dem Wasser gezogen.
Die Felsen am Strand sind gefährlich. Mit sieben Jahren bin ich einen ganzen Sommer lang dazu abkommandiert worden, einen einjährigen Bruder samt seiner gleichaltrigen Kusine aufzufischen, die abwechselnd von diesen Felsen gepurzelt sind.
Aber Sofia ist nirgends am Strand zu sehen. Weder am Anlegesteg noch am Ruderbootstrand. Er kehrt um und schaut noch einmal unter dem Steg nach, aber da ist sie auch nicht.
Ich suche im Haus, unter dem Haus und hinter dem Haus. Sie kann nicht weit gekommen sein. Schließlich kann sie noch nicht gehen oder laufen, nur krabbeln. Aber sie krabbelt sehr schnell.
Wir können sie nirgends finden und geraten völlig in Verzweiflung. Überall rufen wir nach ihr.
Wer sie endlich findet, ist die große Schwester.
Die Große klettert auf den Dachboden, und zwar über eine hohe, steile Treppe mit Geländer in Erwachsenenhöhe und weit klaffenden Lücken zwischen den Stufen; auf den geheimnisvollen, ein wenig gruseligen Dachboden, wo noch die Hobelbänke aus Großvaters Ferienzeit ihren Platz haben, außerdem Sägespäne, Spinnennetze, Wespennester und unbehauene Balken.
Dort sitzt Sofia auf einem Balken und platzt fast vor Lachen. «Kuckuck», ruft sie.
Ich komme auch herauf, um sie zu holen, und das hält sie für ein ungemein lustiges Spiel. Mit der Zeit wird aus diesem Erlebnis eine Geschichte, die Sofia immer wieder hören will.
«Erzähl von damals, als ich verschwunden war!»
Und ich erzähle, wie wir alle gesucht haben und was für Sorgen wir uns gemacht haben, wie die Große Sofia gefunden hat und wie Sofia sich gefreut hat, uns alle an der Nase herumgeführt zu haben, und mit ihren Stiefeln an den Händen herzlich gelacht hat.
Erst nachdem ich diese Geschichte ein paarmal erzählt habe, fällt mir ein: sofort nach dem Verschwinden von Sofia hätte ich die Schuhe draußen zählen müssen. Da wäre mir aufgefallen, daß je ein Stiefel vom Großen und vom Kleinen fehlten. Und ich hätte ge-

wußt, daß Sofia sich in höhere Regionen auf den Weg gemacht hatte.
Sofia hat nämlich in dem Sommer, als sie vierzehn bis sechzehn Monate alt war und nicht laufen konnte, sehr schnell eine eigene Fortbewegungsart erfunden.
Auf der Veranda vor der Haustür stehen sämtliche Gummistiefel in einer Reihe: rote, braune, gelbe, schwarze und blaue Stiefel in allen Größen, wenn auch hauptsächlich kleine. Sowie Sofia über die Schwelle gekommen ist, steckt sie jede Hand in einen Stiefel und krabbelt auf den Hügel los. Dabei könnte sie sich an den Knien weh tun, aber sie trägt ja lange Hosen, die meistens durch Flicken verstärkt sind. An den Handflächen ist es schlimmer. Und zu diesem Zweck ist ihr der Trick mit den Stiefeln eingefallen.
Schnell wie der Blitz. Sie strahlt über das ganze Gesicht, wenn sie mit ihren Stiefeln draufloskrabbelt.
Den ganzen Sommer und Herbst lernt sie noch nicht laufen. Erst kurz vor Weihnachten macht sie die ersten Schritte. Da ist Sofia ein Jahr und neun Monate alt.

Lernt Sofia nicht außerordentlich spät sitzen? Normalerweise können Kinder doch mit etwa einem Jahr laufen, oder?
Sofias große Schwester hat ihre ersten Schritte gemacht, als sie ein Jahr und eine Woche alt war. Auf dem Küchenfußboden ist sie mir geradewegs in die Arme gelaufen; die Sonne schien, und sie strahlte vor Glück und vor Stolz, weil sie laufen konnte.
Kurz darauf ist sie die Treppe hinuntergefallen und hat sich in die Hosen gemacht und ein paar Tränchen geweint; Windeln hatte sie ja nicht mehr an, groß wie sie war.
Aber sie ist mit allem immer früh dran gewesen.
Der Ältere hat mit dreizehn Monaten, sein kleiner Bruder mit zwölfeinhalb zu laufen angefangen. Das war eine große Erleichterung, denn von da an haben sie sich horizontal fortbewegt, statt zu klettern. Besonders die blonden Kinder, die Große und der Kleine, sind früher viel geklettert. Sofia war – bis auf ihren Ausflug zum Dachboden – gar nicht so fürs Klettern. Aber ihr großer Bruder hat ihr ja auch so die Möglichkeit verschafft, in der Welt herumzukommen. Vielleicht hatte sie es deshalb nicht so eilig, krabbeln, stehen und laufen zu lernen?
Ich habe es kaum erwarten können, daß Sofia laufen lernt. Alle möglichen Bücher über die kindliche Entwicklung habe ich durchgesehen und Vergleiche angestellt mit ihren Geschwistern, den Kindern von Freunden und Sofias Vettern. Sie ist langsam, das weiß ich; mit fast allem ist sie spät dran.
Kann man ihr etwas ansehen?
Ich beobachte sie prüfend. Sie hat lustige, leicht schräg gestellte Augen, mit denen sie in die Sonne blinzelt. Augen wie meine Großmutter und mein Vater und wie ich. Andere Augen als die drei älteren Kinder. Die Welt läßt sich aus schrägen Augen gut betrachten.

Ist Sofia anders als die anderen Kinder? Auffällig anders? Oder hat sie einfach nur ihr eigenes, langsameres Tempo? Auf dem Gesundheitsamt heißt es, sie sei genau richtig. Wir gehen nicht so oft hin, denn das Personal ist dem Ansturm von Familien mit Kindern, die in unseren Vorort ziehen, kaum gewachsen. Soweit es irgend geht, wird man dort an Privatärzte verwiesen.
Und zum Kinderarzt, einem Freund von uns, müssen wir oft. Dauernd hat ein Kind Hals- oder Ohrenschmerzen, und da nehme ich immer gleich alle auf einmal mit, um sie bei der Gelegenheit auch vorzuführen. Der Doktor ist ein großer Freund des Segelsports und redet dann mit meinem Mann, der uns hinfährt, über Wind und Wellen. Aber während er übers Segeln redet, sieht er sich die Kinder an und findet beruhigende Worte: Kinder seien nun mal ganz unterschiedlich, jedes entwickle sich in seinem eigenen Rhythmus. Sofia ist leicht allergisch; hin und wieder hat sie einen roten Ausschlag in den Armbeugen und Kniekehlen, weshalb man sie im Gesundheitsamt nicht gegen Kinderlähmung impfen wollte.
Der Kinderarzt meint auch, wir könnten damit warten. Es sei schon lange keine Epidemie mehr aufgetreten.
Aber sonst findet er Sofia genau richtig.
Sofia hat Vettern, die Zwillinge sind. Ihre Mutter, meine Schwester, ist Psychologin. Mit meiner Schwester rede ich oft über Sofia. Ihr einer Zwilling war auch spät dran, hat erst mit einem Jahr und acht Monaten laufen gelernt. Zwillinge sind oft langsamer. Und dieser Junge ist ein völlig normales Kind mit einem ausgesprochen heiteren und sonnigen Gemüt.
Genau wie Sofia. Die beiden mögen sich sehr. Sie sind auch etwa gleichaltrig, das heißt, ihr Cousin ist vierzehn Monate älter. Die beiden sitzen oft unter einem Tisch und stecken die Köpfe zusammen. Aus der Ecke hört man es dann kichern und lachen.
Sofia hat weiche rote Haare, die sich im Nacken und auf der Stirn kräuseln.
Sie ist fröhlich und zornig; sie ist eine Persönlichkeit.
Sie hat eben ihren eigenen, unverwechselbaren Rhythmus. Was sonst.

Wie alt war Sofia, als sie sprechen lernte?
Das weiß ich nicht mehr. Ich erinnere mich, wie sie gelacht, mit den Augen gezwinkert und etwas völlig Unverständliches gesagt hat.
«Äjja ittiga», hat sie gesagt.
Wir standen gerade auf der Treppe vor Johanssons Haus, auf dem Land; damals hatten die Johanssons, unsere Nachbarn, noch Kühe, die hinter einem Zaun geweidet haben.
Vielleicht hat sie die Kühe gemeint?
Als ihre Schwester klein war und zum erstenmal Johanssons Kühe sah, hat sie gesagt:
«Guck mal, Mama, doße Wauwau!»
In der Stadt hatte sie nur Hunde gesehen.
Vielleicht hat Sofia auch etwas über die Kühe sagen wollen?
«Kühe», haben wir geantwortet. «Das sind Ellis Kühe. Sie machen Muh. Kühe geben Milch.»
Sofia hat gelacht.
«Äjja», hat sie gesagt. «Ittiga.» Und dabei den Schwalben nachgeschaut, die ihre Nester am Haus hatten und hin- und herflogen.
«Vögel», haben wir uns bemüht. «Schwalben. Piepiepiep.»
«Ittiga», hat Sofia gesagt. «Äjja.»
Und da haben die Brüder damit angefangen, sie Äjja Ittiga zu nennen. Der Große als erster, und der Kleine hat es ihm nachgemacht.
Der Große hat lange Gespräche mit Sofia geführt, und kein Mensch konnte die beiden verstehen. Das einzige, was man heraushören konnte, war: Äjja. Ittiga. Das konnte man sie oft sagen hören.
Und zwar in dem Sommer, in dem Sofia herumgekrabbelt ist.
Aber im Herbst danach hat sie auch nicht viel gesagt.
Damals ist ihr Onkel, ein Bruder meines Mannes, zu uns zu Besuch gekommen. Alle hatten ihn lieb und wurden in seiner Gegenwart

umgänglicher. Er hat mit seinem Kaffee und mit Sofia im Arm auf dem Sofa gesessen, und sie haben sich zusammen Bücher angeschaut und sich unterhalten, aber ich glaube, ohne viele Worte zu machen. Er hatte traurige braune Augen, und Sofia hing an ihm und ist auf ihm herumgeklettert, und sie hatten sich sehr gern und verstanden sich gut.

Mein Mann hat eine Zeichnung von ihnen gemacht: sein Bruder mit den traurigen Augen und Sofia ganz so wie eins der Vögelchen, die der Bruder in seinem Bildhaueratelier schuf.

Einen Vogelschwarm hat er bei uns unter der Decke aufgehängt, neben unserem weißen Kamin.

«Äjja ittiga», hat Sofia gesagt.

Vielleicht hatte sie doch Vögel gemeint?

Als Sofia zweieinhalb ist, bereitet ihr Vater eine Ausstellung seiner Zeichnungen vor. Er hängt sie in seinem Arbeitszimmer an die Wand, um die besten auszusuchen und ihre Anordnung zu überprüfen. An der Wand über seinem Sofa hängt eine Zeichnung neben der anderen.

Eines Tages, als er nach Hause kommt und in sein Zimmer geht, sieht er Sofia da stehen. Sie hat einen türkisfarbenen Kittel an, die Strumpfhosen und der Pulli darunter sind dunkelblau, und ihre roten Haare kringeln sich im Nacken. Sie kehrt ihm den Rücken zu und ist ganz geschäftig und konzentriert in ihre Arbeit vertieft. In der Hand hat sie eine silbrige Malkreide. Damit malt sie lauter Silberstriche auf die Zeichnung von einer Frau mit Flügeln. Die Striche gehen quer über die Flügel der Frau.

Ich stehe hinter ihm in der Tür und frage mich, was jetzt wohl passiert. Es ist nur noch eine Woche bis zur Vernissage, und die Zeichnung von dieser Frau ist ihm besonders lieb.

Er sagt gar nichts.

Er geht einfach nur hin zu ihr, hebt sie vom Sofa und übergibt sie mir mit den Worten:

«Bring sie weg.»

Sofia war schon immer der Liebling ihres Vaters.

Das Silber ließ sich abkratzen, aber die Kreide war fettiger als gewöhnlich, und quer über den Flügeln blieben fettige Streifen. Diese Zeichnung ist nicht mit auf die Ausstellung gekommen.

Die Zeichnung von Sofia und ihrem Onkel war dabei.

Aber Sofias Onkel ist tot.
Sofia zeigt auf die Zeichnung.
«Wo?» fragt sie.
Und gibt sich selbst die Antwort:
«Weg.»
Sonst redet sie immer noch sehr wenig, gebraucht jedenfalls kaum Worte.

Wann hat Sofia denn sprechen gelernt?
Wann lernen Kinder sprechen? Sie reden doch von Anfang an; ihr Körper spricht, und außerdem haben sie ihre eigenen Laute: Glucksen, Lachen und Brabbeln in ganz verschiedenen Tonlagen, von zornig und fordernd bis zu beleidigt oder leise, enttäuscht. Sie haben eine breite Palette von Ausdrucksmöglichkeiten, und Laute gehören dazu.
Ich hätte mir notieren sollen, wann Sofia anfing, Wörter aneinanderzureihen; und in welcher Reihenfolge. Denn soweit ich mich erinnern kann, hat sie die Ordnung der Wörter gar nicht so selten auf den Kopf gestellt.
Aber so sind Kinder.
Oder etwa nicht?
Der Dichter Runeberg war ein Spätentwickler, er hat mit vier Jahren zu sprechen angefangen. Jedenfalls erzählt mein Mann das oft; ob es stimmt, weiß ich nicht. Aber wir haben ein Foto von seinem Großvater auf der Treppe vor Runebergs Haus in Borgå, neben seiner Schwester Johanna, Johan Ludvig Runeberg und Frederika Runeberg, der Kusine seiner Großmutter.
Also muß er es wohl wissen. Und an Runebergs Ausdrucksvermögen gibt es schließlich auch nichts auszusetzen, oder?
Warum sich also den Kopf zerbrechen.
Vielleicht sollte ich mir keine Sorgen mehr machen. Ich kann doch bestens verstehen, was Sofia sagt und was sie will.
Aber ich rede auf alle Fälle mit meiner Schwester, der Psychologin, darüber. Wir machen uns unsere Gedanken.
Wir wissen doch, wie unterschiedlich Kinder sein können. Zusammen haben wir sieben Kinder, von denen keins wie das andere ist. Meine Schwester ist auch anders als ich; wir waren schon immer

sehr verschieden. Oft genug haben wir von unseren Eltern die Geschichte gehört, wie sie nie gekrabbelt, sondern nur still auf einem Fleck gesessen hat, bis sie eines schönen Tages aufstand und gleich richtige Schritte machte, ohne zu üben oder umzufallen. Niemand hat gewußt, daß sie sprechen konnte, bis sie mit einwandfreien Sätzen anfing. Das Alphabet hat sie sich heimlich selbst beigebracht, und keiner konnte ahnen, daß sie lesen oder gar schreiben konnte, bis sie mit sechs Jahren als Kriegskind aus Schweden einen richtigen Brief nach Hause geschrieben hat.

Vielleicht schlägt Sofia eher nach meiner Schwester? Vielleicht hat sie den Entschluß gefaßt, sich so lange still zu verhalten, bis sie aufstehen und eine richtige Rede halten kann.

Die finnische Haushilfe, die in dem Frühjahr, in dem Sofia vier wird, bei uns putzt, zieht Sofia den anderen Kindern vor. Im Grunde habe ich den Eindruck, daß ihr der ganze Rest der Familie gestohlen bleiben kann, jedenfalls Sofias Brüder. Aber Sofia bekommt Kekse und Bonbons von ihr und darf sie zum Einkaufen begleiten.

«Mir ist noch kein Kind vorgekommen, das sich mit dem Finnischen so schwertut», sagt die Haushilfe. «Sie kann noch kein einziges finnisches Wort, sosehr ich mir auch Mühe mit ihr gebe.»

«Aber sie kann ja noch nicht einmal richtig Schwedisch», antworte ich. «Zwei Sprachen können ganz schön verwirrend sein, wenn man die eine noch nicht richtig kann. Aber Sofia versteht doch alles, was du sagst.»

Das stimmt. Sie versteht die Tante und kann ihr Rede und Antwort stehen, obwohl ihre Sätze natürlich hinten und vorne nicht stimmen.

Aber wer will schon von einem noch nicht vierjährigen Kind verlangen, die finnischen Diphthonge richtig auszusprechen? Sie ist ja noch so klein. Sie ist die Kleinste und die Jüngste und unser Baby; mehr Babies kriegen wir nicht, also darf sie ruhig klein bleiben, solange sie will.

Wir wollen sie nicht drängen; sie hat noch genug Zeit.

Jedenfalls macht es Sofia keine Schwierigkeiten, sich gegen ihre Geschwister zu behaupten. Sie hat ein stürmisches Temperament. Ihre Stimmung – abwechselnd fröhlich und wutentbrannt – ist unberechenbar: mal Regen, mal Sonnenschein; genau wie im April, in dem sie geboren ist, im Monat der unbegrenzten Möglichkeiten.

In diesem Frühjahr kommt mein Mann ins Krankenhaus, danach ich, und alle miteinander haben wir genug damit zu tun, wieder über den Berg zu kommen.
Wir verstehen gut, was Sofia sagt.
Außerdem: Runeberg war schließlich vier, als er mit dem Reden anfing.
«Sie ist ganz blaß geworden und konnte nicht weitergehen, die Beine haben sie nicht mehr getragen; wir sind gerade vom Einkaufen zurückgekommen, und ich habe alles, was ich in der Hand hatte, stehen- und liegenlassen und sie nach Hause getragen», erzählt unsere Putzhilfe.
Sie ist außer sich.
«Ich habe sie aufs Bett gelegt, und sie war noch eine Zeitlang blaß, aber dann ist sie aufgestanden, als ob nichts gewesen wäre.»
«Ach was», sagt Sofias Vater, «was soll schon gewesen sein; es ist ihr halt vorübergehend schlecht geworden.»
«Hatte sie einen Anfall?» frage ich. «Ist sie umgekippt? Hingefallen?»
«Sie konnte nicht mehr gehen», sagt die Haushilfe. «Sie hat mich nicht mehr gehört. Ich habe sie aufs Bett gelegt und wollte den Kinderarzt anrufen. Aber dann hat sie sich von allein wieder erholt.»
«Alles Einbildung», sagt Sofias Vater.
Ich versuche, mehr in Erfahrung zu bringen, aber sie weiß auch nicht mehr. Sie hat alles so erzählt, wie es war: Sofia ist blaß geworden, konnte nicht mehr gehen und hat nichts verstanden. Dann war es wieder vorbei.
«Keine große Sache», sagt Sofias Vater. «Du siehst doch, wie gut es ihr geht.»
Und in der Tat sieht Sofia ganz so aus, als ob es ihr blendend geht; vergnügt wie immer spielt sie und läuft herum.
Ich bespreche diesen Vorfall oft mit unserer Putzhilfe, aber wir werden beide nicht schlau daraus. Mein Mann will von der ganzen Sache nichts wissen; also flüstern wir in der Küche.
Ich frage meinen Mann: «Findest du nicht, wir sollten sie untersuchen lassen, um herauszufinden, was da los war?»
«Da war nichts los. Vielleicht ist ihr schwindlig geworden, und dann war es wieder vorbei. Du weißt doch: Kinder!»

Er will nicht darüber reden. Er glaubt nicht, daß Sofia etwas zugestoßen ist.
«Mach bloß kein Theater mit den Kindern», sagt er.
Wir reden nicht mehr über das Thema, und ich unternehme nichts, um Sofia untersuchen zu lassen. Ich will die Kinder doch nicht verziehen und verzärtelte Hätschelkinder aus ihnen machen.
Dann hört die Putzhilfe bei uns auf, Sofia wird vier, und der Frühling kommt. Ich mache mir oft Gedanken, was mit Sofia auf dem Rückweg vom Laden passiert ist, rede aber weder mit meinem Mann noch mit jemand anderem darüber.
Vielleicht bin ich zu sehr auf die Beobachtung von Sofia fixiert. Vielleicht war alles bloß Einbildung, wie Sofias Vater sagt.

Im Herbst darauf darf Sofia im Kindergarten anfangen. Sie hat es kaum erwarten können, ihre eigene Schule und ihre eigenen Klassenkameraden zu kriegen, so wie ihre Geschwister.
Der Vorort, in dem wir wohnen, ist ziemlich schnell aus dem Boden geschossen, wobei man sich nicht gerade besonders um die Kinderbetreuung gekümmert hat. Es ist eine Reihenhaussiedlung, in der viele Mütter Hausfrauen sind. Gemeinschaftliche Aktionen und Initiativen kommen nicht zustande. Ich selbst wandere von einem Sandkasten zum anderen mit dem Ziel, wenigstens eine Spielgruppe auf die Beine zu stellen. Oder eine Gruppe von Müttern, die sich mit der Betreuung abwechseln.
Aber daraus wird nichts.
Da nehmen meine Schwester und ich unsere Sache selbst in die Hand. Wir angeln uns eine Pädagogin und gründen eine private Kinderkrippe für unsere insgesamt sechs Kinder von ein bis fünf Jahren, bei jeder eine Woche im Wechsel. Fünf Stunden täglich unter der Woche.
Den Kindern geht es gut dabei, sie fühlen sich wohl und blühen sichtlich auf. Endlich ein erwachsener Mensch, der sich nur mit ihnen beschäftigt, mit ihnen backt, singt, bastelt und näht, der Zeit und Geduld hat. Weil er nicht nebenher kochen, putzen, lesen oder an der Schreibmaschine sitzen muß. Für alle Beteiligten ist diese Idee ein Glückstreffer. Bei jedem Wiedersehen verstehen wir uns besser.
Nach anderthalb Jahren sind die größten Kinder im Schul- und Vorschulalter, und die kommunalen Einrichtungen sind endlich bereit, Sechsjährige in einen Kindergarten aufzunehmen. Außerdem gibt es einen kleinen privaten Kindergarten für Vier- bis Fünfjährige in den Räumen der Kirchengemeinde.

Dorthin sind Sofia und ich unterwegs. Hand in Hand gehen wir unseren Weg, beide sehr froh, daß es jetzt soweit ist.
Allerdings mache ich mir ein wenig Sorgen, ob es Sofia in der Gruppe für Vierjährige gefallen wird. Denn ihr kleiner Bruder hat vor ein paar Jahren auch mit großen Erwartungen dort angefangen. Aber nach zwei Wochen war seine Begeisterung abgeflaut, nach dreien wie weggeblasen. Nach einer weiteren Woche hat er sich geweigert, in den Kindergarten zu gehen.
Ich frage, ob ich einmal mitkommen darf, und erhalte die Erlaubnis. Seit diesem Tag kann ich den Kleinen verstehen.
«Zu Hause kann ich viel mehr machen», sagt er.
Und da hat er recht. Zwanzig Kinder, auf kleinstem Raum zusammengepfercht, und als einzige Gruppenaktivität während drei langer Stunden zwei Kreisspiele. Ansonsten hocken die Kinder auf dem Boden und bauen Türmchen, die sie umstoßen und wieder aufbauen, zeichnen vor sich hin oder spielen zu zweit mit Puppen und Autos. Die Kindergärtnerin unterhält sich mit einem Mädchen, dessen Großmutter sie kennt.
Ich frage, ob ich ihnen Kinderbücher ausleihen kann; bei mir ist das ganze Haus voll davon, weil ich Rezensionsexemplare kriege. Aber die Kindergärtnerin lehnt dankend ab. «Wir haben ein paar Bücher», sagt sie, «die sich die Kinder anschauen können. Zum Vorlesen sind sie noch zu klein.»
Zu klein! Vier-, Fünfjährige zu klein für Bücher!
Dann essen die Kinder Knäckebrot mit Käse, und anschließend dürfen sie draußen spielen. Und dann geht es nach Hause. Da sind die drei Stunden um.
Der Kleine geht nicht mehr in diesen Kindergarten. Er darf mit meiner Schwester mitfahren, die ihre Zwillinge in einen anderen Kindergarten bringt. Mit einem Eisenbahnwaggon auf dem Hof. Dort liest die Kindergartentante jeden Tag mindestens ein Buch vor, unternimmt mit ihnen einen Ausflug zur Feuerwehr und Skiwanderungen, und der Kleine ist glücklich und zufrieden.
Aber er ist auch viel extrovertierter als Sofia. Er ist aktiv und braucht ständig neue Herausforderungen. Im Vergleich zu den anderen drei fällt es ihm besonders schwer, sich mit sich selbst zu beschäftigen.
Sofia hatte da noch nie Schwierigkeiten. Sie kramt in ihren Sachen

herum, zeichnet, malt, singt und summt ihren Puppenkindern etwas vor, zieht sie an und aus. Sammelt Steine und Ästchen und legt Kuhställe, Schuppen und Hundehütten an.
Sofia ist daran gewöhnt, bei den älteren Kindern nicht mitmachen zu können und sich trotzdem nicht zu langweilen.
Jetzt bekommt sie gleichaltrige Spielkameraden. Jetzt geht es darum, den Anschluß nicht zu verpassen und sich in eine Gruppe Gleichaltriger einzugliedern. Vielleicht ist das langsame, ruhige Tempo in dem Kindergarten genau das richtige für sie.
«Jetzt heiß ich nicht mehr M'lena. In meiner eigenen Schule heiß ich Sofia.»
Das sagt sie mit äußerster Bestimmtheit, während wir an diesem ersten Tag unseren Weg gehen. Jetzt, wo sie groß ist und in die Schule geht, heißt sie nicht mehr Malena oder Fia Malena, wie wir sie zu Hause gerufen haben, als sie noch klein und das Baby von allen war. Jetzt ist sie groß.
Und dabei bleibt es.
Von ihrem ersten Tag im Kindergarten an heißt sie Sofia. Und sie fühlt sich dort wohl.

Zwei Jahre lang geht Sofia in diesen Kindergarten; als sie mit fünf Jahren zu den großen Kindern gehört, wechselt sie die Kindergartentante.

Ich spreche mit den Pädagoginnen. Zuerst mit der einen.

«Wie verhält sich Sofia in der Gruppe?» frage ich, nachdem so etwa der erste Monat herum ist.

«Es ist nichts Besonderes vorgefallen», lautet die Antwort.

Ich möchte herausbekommen, ob sie allein oder mit den anderen Kindern spielt, ob sie gut aufgelegt oder still und schüchtern oder herrisch und streitsüchtig ist. Ob sie wütend auf andere losgeht, wie zu Hause, wenn ihre Brüder sie ärgern oder ihr etwas wegnehmen.

Aber es gibt einfach keine besonderen Vorkommnisse.

Im Frühling frage ich noch einmal nach, erfahre aber nichts Neues. Bei Sofia vorläufig nichts Besonderes.

Ich finde, das klingt gut.

Im nächsten Jahr stelle ich der anderen Pädagogin dieselben Fragen. Ob sie vorlaut ist oder sich leicht unterkriegen läßt, ob sie fröhlich wirkt und einen zufriedenen Eindruck macht, ob sie sich weiterentwickelt hat.

Die Kindergärtnerin sieht mich erstaunt an.

«Es ist alles in Ordnung», sagt sie.

Ich nehme noch einen Anlauf, setze ihr auseinander, daß ich Sofia für einen Spätentwickler halte. Bewältigt sie dieselben Spiele und Aufgaben wie die anderen Kinder? Versteht sie, was man von ihr will?

«Sie ist doch so süß und lieb», sagt die Pädagogin.

Das ist mir nichts Neues. Ich weiß, wie süß sie ist; mit ihren roten Haaren und den Sommersprossen auf der Nase, die in jedem Som-

mer mehr werden, mit ihren blaugrauen Augen und ihrem feinen, hellen Teint finde ich sie zum Anbeißen.
Die Pädagogin wirft einen letzten Blick auf mich.
«Sie ist ein richtig liebes kleines Mädchen», sagt sie.
Auch daran habe ich nie gezweifelt; ich weiß, wie fürsorglich, weich, anschmiegsam und lieb sie ist. Sie wickelt ihren Vater um den kleinen Finger, zieht ihre großen Brüder auf, ist scharf auf Süßigkeiten und verrückt nach Streicheltieren – all das weiß ich.
Aber: ist sie so wie die anderen? Findet sie den Anschluß, obwohl sie so langsam ist und alles in ihrem eigenen Tempo angeht?

Als Sofia fünf wird, nehme ich meinen Beruf wieder auf und arbeite ganztags in der Stadt. Sie ist schon ein Jahr lang in den Kindergarten gegangen, und ich habe den Eindruck, daß es ihr dort gut gefällt. Die anderen drei Kinder gehen alle in der Stadt zur Schule; jedes hat seine eigene Welt, seinen eigenen Freundeskreis. Ich kann beruhigt wegbleiben, brauche mich nicht mehr auf Auftragsarbeiten einzulassen, die zu jeder Tages- oder Nachtzeit nebenher zu erledigen sind.
Für mich eine äußerst anregende und befriedigende Situation, in der ich mich gefordert fühle. Ich nehme mir fest vor, das Familienleben nicht unter meinem Einstieg ins Berufsleben leiden zu lassen.
Aber Sofia weint morgens.
Alle außer ihr fahren mit dem Auto in die Stadt. Um acht Uhr müssen wir los, damit die großen Kinder nicht zu spät kommen. Sofias Kindergarten fängt um halb neun an.
Sie geht zusammen mit Pia hin, die ein Reihenhaus weiter wohnt. Die beiden haben schon als Babies miteinander gespielt; Pias Bruder ist mit Sofias Brüdern befreundet, er geht bei uns ein und aus und sie bei ihm. Aber morgens will Sofia nicht zu Pia gehen. Manchmal weint sie.
Ich bringe Sofia hinüber, und unterwegs rede ich davon, wieviel Spaß sie heute mit Pia haben wird, wie schön sie zusammen spielen werden und wie viele Kinder im Kindergarten sind: Ia, Krister, Paula und Stefan, der einen Hund hat. Aber Sofia macht immer noch ein trauriges Gesicht. Oft drückt sie die Nase an der Fensterscheibe in Pias Tür platt und schaut uns nach, solange sie das Auto sehen kann.
Ulla, die sich tagsüber um Pia kümmert, sagt, Sofia würde über-

haupt nicht mehr weinen, sobald wir weggefahren sind. Da vergißt sie es sofort, sagt Ulla.
Auf der ganzen Fahrt in die Stadt habe ich Sofias trauriges Gesicht vor Augen.
Den ganzen Tag über denke ich während meiner Arbeit daran, wie betrübt sie war.
Ich hoffe, Ulla hat recht; ich hoffe, daß Sofia ihren Kummer vergißt, wenn sie uns nicht mehr sieht. Aber ich kann es nicht wissen.

In Esbo, wo wir wohnen, wird für alle fünfjährigen Kinder ein Hörtest durchgeführt. Ich warte gespannt auf unsere Benachrichtigung. Vielleicht hat Sofia Hörschwierigkeiten?
Sofia sagt «G'lund», wenn sie Hagalund meint.
«M'lena» hat sie sich selbst genannt, als sie klein war und Malena hieß und noch nicht zur Schule ging.
Vielleicht kann sie die unbetonten Silben am Wortanfang nicht hören?
Ich habe versucht, ihr Gehör zu prüfen, aber ich weiß natürlich nicht so richtig, wie man das macht. Ich finde, sie kann gut hören.
Das findet ihr Vater auch.
«Sie ist sparsam», meint er. «Sagt nur das Wichtigste. Das ist außergewöhnlich vernünftig, finde ich.»
Hand in Hand gehen wir zum festgesetzten Zeitpunkt in die Beratungsstelle. Die Schwester im weißen Kittel empfängt uns freundlich. Als sie hört, daß Sofias Muttersprache Schwedisch ist, versucht sie, sich darauf einzustellen.
Aber ihr Schwedisch ist lückenhaft. So gut es geht, erklärt sie, was Sofia machen soll: sie kriegt einen Kopfhörer aufgesetzt, in jede Hand ein Klötzchen, und wenn sie in einem Ohr ein Geräusch hört, soll sie die Hand mit dem Klötzchen von da wegtun. Sobald sie das kleinste bißchen hört, muß die Hand mit dem Klötzchen auf den Tisch herunter. Das erklärt sie langsam und freundlich, aber Betonung und Aussprache stimmen nicht, und etliche Laute klingen für schwedische Ohren ungewohnt.
«Verstehst du, was du zu tun hast?» frage ich Sofia.
Sie nickt: Na klar, sie hat verstanden.
Dann wird ihr der Kopfhörer aufgesetzt. Ich darf auf einem Stuhl

in ihrer Nähe Platz nehmen und Sofia die ganze Zeit über zusehen. Die Schwester bedient einen Apparat und beobachtet dabei Sofia. Nach einer Weile nimmt sie Sofia den Kopfhörer ab und wendet sich mir zu.
«Es tut mir leid», sagt sie mit aufrichtigem Bedauern, «aber dieses Kind ist stocktaub. Sie hört rein gar nichts.»
Sofia kann den tief tragischen Tonfall, den die Schwester angeschlagen hat, ausgesprochen gut hören. Sie bricht in Tränen aus.
Ich nehme sie auf den Schoß; sie weint ganz herzzerreißend. Ich sage, Sofia hätte meiner Ansicht nach die Anweisungen nicht richtig verstanden, und frage, ob wir den Test wiederholen können, wenn ich ihr erkläre, was sie für die Schwester tun soll.
Die ist damit einverstanden. Ich frage Sofia, die auf meinem Schoß sitzt, ob sie den Hörer noch einmal aufsetzen will; aber sie mag nicht und läßt den Kopf hängen in dem Bewußtsein, etwas falsch gemacht zu haben, denn das hat sie gesehen und gehört.
Ich tröste sie, rede auf sie ein und setze zum Spaß selbst den Kopfhörer auf, bis Sofia es doch noch einmal versuchen will; sie bekommt den Kopfhörer, die Schwester bedient ihren Apparat, und ich kann sehen, wie Sofia die Klötzchen genau wie beim vorigenmal immer mal wieder hinlegt.
Dann nimmt die Schwester ihr den Kopfhörer ab und steht auf.
«Sie hat ein normales Gehör. Danke und auf Wiedersehen», sind ihre Worte.

Am Gehör kann es also nicht liegen. Aber irgendeine Ursache muß es dafür geben, daß Sofia weitaus größere Ausdrucksschwierigkeiten hat als andere Kinder; weitaus größere, als ihre Geschwister oder Vettern je hatten. Oft vertauscht sie die Wörter in einem Satz.
«Kannst du mir an die Schuhe ziehen?» sagt sie.
Oder: «Meine faß mal Füße an.»
Und: «Das kommt wie?»
«Dann habe ich etwas mir vom Taschengeld gekauft.»
«Spitzerbleistift» sagt Sofia, wenn sie Bleistiftspitzer meint.
Leberwurst heißt bei ihr «Wurstberle», und ein Topfdeckel ist ein «Decktopfel».
Präpositionen stellt sie häufig ans Satzende oder läßt sie ganz weg. Wenn sie unbetont und nicht so wichtig sind.
Ihr Vater bleibt dabei: «Sie ist praktisch. Sagt nichts Überflüssiges. Übrigens hatte ich auch immer Ausdrucksschwierigkeiten.»
Ausdrucksschwierigkeiten? Er?
Wieder einmal frage ich meine Schwester, die Psychologin, um Rat. An wen soll ich mich wenden, um Sofia untersuchen zu lassen? Ist sie auf demselben Entwicklungsstand wie andere, knapp fünfjährige Kinder?
Wir gehen verschiedenen Hinweisen nach, und zu guter Letzt stoße ich auf das Amt für psychologische Betreuung von Kindern und Jugendlichen in Esbo. Dort kriege ich eine Psychologin an den Apparat, mit der ich mich lange unterhalte. Ich erzähle alles, was ich auf dem Herzen habe, und lasse mir einen Termin für Sofia und mich geben.
«Sofia ist schüchtern», sage ich. «Ich glaube, bei einem Test muß ich anwesend sein. Sonst läßt sie sich vielleicht auf gar nichts ein.»
Die Psychologin verspricht, das Ganze vorsichtig und in aller Ruhe

anzugehen; Sofia darf spielen und sich an die Umgebung gewöhnen, und alles übrige wird sich dann schon finden.

Im Büro steht ein Gestell mit einem Sandkasten. In dem ist jede Menge feiner weicher Sand, mit dem Sofia spielen darf. Anfangs will sie gar nichts machen, sie bohrt mit dem Finger im Sand und wirkt verschüchtert. Doch allmählich taut sie auf. Sie stellt Häuser, Bäume, Verkehrsschilder und Büsche im Sand auf.

Die Psychologin steht daneben und möchte mit Sofia ein Gespräch anfangen über das, was sie da tut. Was ist denn das da, und warum stellt sie das hier ausgerechnet dahin? Und wer wohnt hier? Und: Wie gut, daß der Busch gerade da am Gatter steht.

Sofia bleibt stumm. Sie baut in einem fort, und man kann ihr deutlich ansehen, wieviel Spaß es ihr macht; sie ist eifrig in ihr Spiel vertieft.

Aber sie erzählt nicht, was sie da tut, und will auch nicht sagen, warum sie es so und nicht anders macht.

Da holt die Psychologin einen ganzen Haufen kleiner Puppen. Sie sind sehr gut gemacht, passen zu den Häusern im Sand und sind so angezogen, daß man ihre Berufe erkennen kann. Da gibt es eine Krankenschwester, einen Feuerwehrmann und einen Polizisten, Mütter und Kinder und Väter mit und ohne Aktenkoffer.

Sofia seufzt vor Glück. Mit glühenden Wangen nimmt sie eine nach der anderen in die Hand, und alle dürfen in der Stadt wohnen, die sie gebaut hat.

«Wer ist denn das?» versucht es die Psychologin aufs neue. «Was glaubst du, was sie meistens macht?»

Sofia antwortet immer noch nicht. Manchmal nickt sie oder schüttelt den Kopf, und manchmal flüstert sie «ja» oder «nein». Aber ein Gespräch kommt nicht zustande.

Die Psychologin sagt, das sei nicht weiter schlimm. Nächstes Mal geht es sicher besser, glaubt sie, wenn Sofia sich an sie und die neue Umgebung gewöhnt hat.

Wir bekommen einen neuen Termin für nächste Woche.

Sofia möchte gerne wieder ins Amt fahren. Die ganze Woche über hat sie von den kleinen Puppen geredet, mit denen sie spielen durfte. Sie erinnert sich an jede einzelne, weiß, was sie anhatten und was sie von Beruf sind. Am liebsten hätte sie auch zu Hause solche Puppen.

Diesmal darf sie auch am Sandkasten anfangen. Es macht ihr wieder großen Spaß. Aber sie ist überhaupt nicht gesprächiger geworden.

Nachdem sie eine Weile gespielt und die Fragen nicht beantwortet hat, nimmt die Psychologin sie an der Hand, und dann verschwinden die beiden in einem Hinterzimmer und machen die Tür hinter sich zu.

Ich hoffe, daß es gutgeht. Ich hoffe, daß sie ins Gespräch kommen, und ich glaube, Sofia wird sich sicher gerne an die Aufgaben machen, die die Psychologin ihr stellt, jetzt, wo sie sich hier auskennt und sicher fühlt. Ich will daran glauben: Sofia läßt sich testen, sie ist nicht zu schüchtern, um zu antworten, Klötzchen zu schieben oder Figuren zu zeichnen.

Eine halbe Stunde vergeht.

Dann wird die Tür geöffnet, und beide kommen heraus.

«Ich kann überhaupt nicht mit ihr in Kontakt kommen, sie ist so schüchtern und zurückhaltend», sagt die Psychologin.

«Und wenn ich dabeisein dürfte?» frage ich. «Vielleicht wirkt es beruhigend, wenn ich in ihrer Nähe bin.»

Aber das geht nicht, wenn Kinder getestet werden. Mütter sollten dabei nicht anwesend sein. Außerdem ist der Test nur für Leute vom Fach gedacht; die Aufgaben dürfen nicht allgemein bekannt werden, wenn man einigermaßen verläßliche Ergebnisse erhalten will.

Das geht also nicht, meint die Psychologin.

«Sicher renkt es sich noch ein», sagt sie freundlich. «Wenn sie ein bißchen größer wird, legt sie die Schüchternheit vielleicht ab. Ich war als Kind auch sehr schüchtern.»

Ich möchte gerne wissen, ob ich etwas Bestimmtes tun kann, um Sofia zu fördern und ihr zu helfen, ihre Schüchternheit zu überwinden. Aber die Psychologin glaubt, daß sich das von alleine gibt. Sie sagt, viele Kinder seien sehr schüchtern.

Und das stimmt ja. Es ist so willkürlich, wer von der Schüchternheit betroffen wird. Sofias Großmutter war nie schüchtern; liebend gerne hat sie Vorlesungen gehalten, Rundfunksendungen gemacht und anregenden Unterricht in Seminaren erteilt, obwohl sich die Zuhörer an den Wänden drängelten. In Gesellschaft blühte sie auf, weil sie Menschen liebte; große Menschen, aber vielleicht am mei-

sten kleine Menschen, ihre Schüler. Und sie hatte nie Hemmungen, sich in einer ihr fremden Sprache zu verständigen. Sie hat Gesten und Mimik zu Hilfe genommen und selbst am lautesten gelacht, wenn es zu verrückten Mißverständnissen kam.
Sofias Großvater bereitet sich äußerst gründlich auf seine öffentlichen Auftritte vor. Er erzählt gerne, wie unmöglich er sich vorkommt, wenn er vorne am Rednerpult steht, wie ihm die Zunge am Gaumen festklebt und die Stimme versagt und daß er dann keine Ahnung hat, bei welcher Manuskriptzeile er gerade ist. Seine Zuhörer merken so gut wie nichts von seinen Ängsten. Er hat sich immer wieder zwingen müssen, seine Schüchternheit zu überwinden.
Von ihm hatte meine Schwester wahrscheinlich ihre Schüchternheit als Kind. Auf einer Weihnachtsfeier durfte sie ihrer angebeteten Kindergartentante eine Blume überreichen. Aber das hat sie nicht gewagt, sondern die Blume in der Garderobe versteckt, und so hat sie nie ihr Ziel erreicht. Zu Hause hat sie sich natürlich auch nicht getraut, darüber zu reden.
Als wir klein waren, war sie immer die Schüchterne und ich die Vorlaute. Ich war drei Jahre älter; schüchtern war ich nie. Jedenfalls nicht so, daß es mich gestört hätte.
Vielleicht habe ich die Bedürfnisse meiner Schwester ignoriert, wenn ich für sie mitgeredet habe? Vielleicht habe ich ihr keine Chance gegeben, weil ich immer die Erste war und am lautesten schreien konnte.
«Tyrann!» hat mein Bruder einmal zu mir gesagt, als er an einem Sensitivity-Training teilgenommen hatte.
Mein Bruder ist sechs Jahre jünger als ich; da war mein Vorsprung groß.
Aber vor Sofia habe ich einen noch größeren Vorsprung. Vielleicht unterdrücke ich sie unbewußt auch, sage, was sie denken und meinen soll, und ergreife das Wort für sie.
Vielleicht schlägt Sofia nach meiner Schwester? Die auch Psychologin geworden ist, genau wie die Dame im Amt für psychologische Beratung, die als Kind ebenso schüchtern war. Vielleicht kann Sofia Psychologie studieren und auf diesem Weg lernen, ihre Schüchternheit zu überwinden? Oder vielleicht auf ganz anderem Weg?
Wenn ich nur nicht mit meinem Übereifer aufkreuze und sie unterdrücke.

Als Kind war Blau meine Lieblingsfarbe. Da hat meine Schwester gesagt, Blau sei auch ihre Lieblingsfarbe. Aber das ließ ich nicht zu; sie mußte Rot bevorzugen. Und mein Bruder mußte eine Vorliebe für Gelb haben und Prinzessin Goldfee heißen, wenn wir Prinzessinnen spielten.
Sofias Lieblingsfarbe ist Rot, da besteht gar kein Zweifel. Es gibt keine einzige Farbe, die ihr so schlecht steht wie Rot. Aber sie hat einen leuchtend roten Pullover, den sie am allerliebsten trägt, einen roten Regenschirm, rote Fäustlinge, und die Strümpfe mag sie auch am liebsten rot.
Daß ich diesen Fehler nicht noch einmal mache, haben wir dem Psycho-Kurs meines Bruders zu verdanken. Aber mit meinem guten Willen, meinem Übereifer und in meiner Unbekümmertheit kann ich so viele Fehler machen.
Vielleicht erwarte ich von Sofia, daß sie sich mit allen anderen Kindern in einen Topf schmeißen läßt? Vielleicht habe ich irgendwo insgeheim die Hoffnung, sie würde Wörter wichtig nehmen, weil mir die Sprache wichtig ist? Vielleicht hat sie völlig andere und viel bessere Ausdrucks- und Erlebnismöglichkeiten, als ich je hatte? Vielleicht hindern meine bewußten und – noch schlimmer – unbewußten Erwartungen sie daran, sich auf die ihr gemäße Weise zu entwickeln?
«Gibt es noch eine andere Möglichkeit für mich herauszufinden, ob Sofia irgendeine Hilfestellung braucht?» frage ich die Psychologin.
«Ich glaube nicht», lautet ihre Antwort. «Es wird schon werden. Sie sieht ja so fröhlich und ausgeglichen aus. So ein süßes, liebes kleines Mädchen.»
«Siehst du», sagt Sofias Vater. «Sie ist genau richtig. Hör auf, dir dauernd Sorgen zu machen.»
Ich möchte ja, daß Sofia gerade richtig ist so, wie sie ist. Aber wenn sie größere Schwierigkeiten als andere Kinder hat, sitzen, stehen, krabbeln, laufen und sprechen, Schuhe zubinden, seilspringen, radfahren und Schlittschuh laufen zu lernen, dann braucht sie doch Hilfe. Ich brauche jemand, der mir sagt, wie ich ihr helfen kann.
Natürlich will ich sie nicht verhätscheln und unnötig nervös machen, sie mit meiner Unruhe anstecken und sie meine Aufmerksamkeit und meine Zweifel spüren lassen. Ich will sie nicht bedrängen

und in eine Richtung schubsen, die vielleicht meine, aber absolut nicht die ihre ist.
Vielleicht lernt sie mit der Zeit alles, was sie braucht.
Ich lasse mir keinen Termin mehr für Sofia geben.

Nach zwei Jahren Kindergarten in unserem Vorort draußen darf Sofia zur Vorschulklasse in die Stadt fahren, in dieselbe Schule, die auch der Kleine besucht. Mit ihren sechs Jahren hat sie große Erwartungen: jetzt ist sie groß und muß nicht mehr zu Pia gehen und hinter Pias Haustür stehen und weinen, wenn alle anderen morgens in die Stadt fahren.
Sie kennt niemanden in der Vorschule. Aber ein Klassenkamerad vom Kleinen hat einen kleinen Bruder, der auch im Herbst anfängt, und Sofia und Sven schicken sich Grüße in den Briefen, die sich die großen Jungen im Sommer schreiben.
Am ersten Schultag spielt Sofia mit Sven, der glücklicherweise auch keine anderen Kinder in der Klasse kennt.
Manchmal darf Sofia nach der Schule mit ihrem Bruder zu Sven fahren. Einmal darf Sofia Svens Mutter beim Bügeln helfen, und ein andermal backen sie etwas. Das macht unheimlichen Spaß, und sie erzählt mir nachher alles: wie man Mehl und Butter verrührt, wie mehlig und eingebuttert die Finger sind und daß man nicht vom Teig essen darf, weil sonst für die geplanten Rosinenbrötchen nichts übrigbleibt.
Mir ist klar, daß Sofia auch zu Hause die Möglichkeit zum Backen braucht. Ab und zu gibt es bei uns Pfannkuchen, aber fast nur im Sommer auf dem Land. Manchmal kaufen wir eine fertige Backmischung, die wir anrühren und in Formen füllen. Aber das reicht nicht. Sofia müßte die Möglichkeit zum Backen und Braten, Kochen, Bügeln, Nähen und Stricken haben.
Lauter Sachen, die ich überhaupt nicht kann und die mir absolut nicht liegen.
Sofia kann den Tisch decken.
«Für wie viele?» fragt sie.

Da bitte ich sie, nachzuzählen, wie viele wir sind; und sie zählt und zählt: zwei Jungs und die große Schwester und ein Papa und eine Mama und Sofia. Bei den Messern und Gabeln zählt sie noch einmal nach, damit auch alles bestimmt seine Richtigkeit hat.
Sofia müßte so eine Mutter wie Sven haben.
«Warum bist du keine richtige Mutter?» hat die Große mich gefragt, als sie fünf Jahre alt war. Und ich habe sie gefragt, wie eine richtige Mutter denn sein muß, worauf sie meinte, so eine Mutter sei fröhlich und gut aufgelegt, würde abspülen und Kuchen backen und mit den Nachbarinnen beim Kaffeeklatsch über ihre Kinder reden.
Ich war tief getroffen, denn so richtig gut aufgelegt war ich selten, und zum Kaffeeklatsch bin ich noch nie bei meinen Nachbarinnen gewesen. Dem Ideal, das die Große zu Gesicht bekam, wenn sie sich die Mütter ihrer Freunde ansah, entsprach ich ganz und gar nicht. Genausowenig dem Mütterideal in den Kinderbüchern.
Damals waren die Kinderbuchmütter nie müde oder traurig; mit einem munteren Lied auf den Lippen scheuerten sie den Fußboden, spülten und wuschen die Kleider ihrer sämtlichen Kinder, strichen das Haus und besorgten den Garten. Es gab eine Phase, in der ich sehr wenig für die Mütter in den Kinderbüchern übrig hatte.
Aber die Kinderbuchwelt hat sich verändert. Inzwischen sind Hausfrauen eine Seltenheit geworden, und es ist sogar richtig auffällig, wenn Mütter nicht krank, geschieden, müde, einsam und traurig sind.
Wenn Svens Mutter müde war, dann konnte man es ihr jedenfalls nicht ansehen. Mir war völlig klar, daß Sofia so eine Mutter wie die von Sven nötig hatte.
Sofia darf Sven noch öfters besuchen und mit seiner Mutter lustige Sachen machen. Aber mit der Zeit findet Sven viele Freunde, und er bringt lieber Kalle und Kim als Sofia mit nach Hause.
Und Sofia findet Elina, My und Caroline.
Wir laden sie zu uns nach Hause ein, der Reihe nach. Denn Sofia ist immer noch sehr schüchtern. Sie wartet ab, bis sie jemand auf dem Schulhof zum Mitspielen auffordert. Aber manchmal wird sie gar nicht aufgefordert.
«Kommst du heute mit mir mit?»
Fragt Sofia mich jeden Morgen, wenn wir uns dem Schulhof nä-

hern. Wir biegen gerade um die vorletzte Ecke, an einem Laden mit einem großen Bild von einer Möhre im Schaufenster vorbei. Darauf zeigt Sofia jeden Morgen.
«Da ist die Möhre», sagt sie. Und im selben Atemzug bittet sie mich, sie auf den Schulhof zu begleiten.
«Du verwöhnst sie», sagt ihr Vater. «Sie kommt ganz gut alleine klar.»
Das stimmt natürlich. Klar kommt sie klar. Aber wenn sie nun mal will, daß ich mitkomme?
Jeden Morgen spielt sich dasselbe ab.
Wir kommen vor den anderen Kindern an, weil der Kleine eine Viertelstunde früher als die Vorschule anfängt. Deshalb sind meistens noch keine Klassenkameraden von Sofia da, wenn wir Hand in Hand den Schulhof betreten.
Da warten wir. Wir warten so lange, bis jemand kommt, mit dem Sofia spielen kann. Meistens ist das Elina. Sie hockt sich auf den Boden und sammelt schöne kleine Schottersteine auf dem Hof, und wir hocken uns ganz in ihre Nähe und heben auch Schottersteine auf, wir beide, bis Sofia nach einer Weile meine Hand losläßt.
«Jetzt kannst du gehen», sagt sie.
Aber manchmal spring Elina mit den anderen Mädchen Seil, anstatt Steine aufzusammeln. Dann gucken wir ihnen beim Springen zu. Manchmal wird Sofia von irgemdwem zum Mitspringen aufgefordert, von Nina, Cathy, Corinna oder sonst jemand.
Dann kann ich auch gehen.
«Tschüs», sagt Sofia.
Dann möchte sie nachmittags seilspringen üben, und manchmal kann sie einen ihrer Brüder zum Seilschlagen überreden; aber meistens binde ich das eine Seilende an unsere Haustürklinke und schlage das Seil für sie.
Sofia ist ausdauernd. Sie springt und stolpert, springt und stolpert und bleibt wieder hängen, aber sie gibt nicht auf. Sie wird es lernen. Sie weint vor Erschöpfung, aber sie hört nicht auf. Es ist völlig unmöglich, sie zum Aufhören zu bewegen. Deshalb sage ich ihr lange im voraus Bescheid.
«Jetzt kannst du noch zehnmal springen, bis du hängenbleibst, dann müssen wir aufhören», sage ich.

Dann sage ich, daß es jetzt noch sechsmal geht, dann viermal, dann noch einmal, und noch einmal.
Auch dann kommen wir nicht ohne Tränen und Wut aus. Aber vielleicht ist es doch ein wenig leichter so.
Und mit der Zeit lernt Sofia seilspringen. Sie kann nur von der einen Seite einspringen, und manchmal hält sie nicht besonders lange durch, aber ab und zu klappt es richtig gut.
«Hartnäckig, hartnäckig», hat mein Vater immer gesagt, als ich klein war, und darüber konnte ich mich ziemlich ärgern. Also sage ich es meinen Kindern nie. Aber Sofia hat trotzdem den Wahlspruch ihres Großvaters übernommen.
Vielleicht ist Großvaters Wahlspruch der beste, den Sofia sich aussuchen konnte. Obwohl ich mir manchmal fast wünsche, daß sie doch einen anderen genommen hätte.
Sie kann mich auch aus der Fassung bringen. Aber auf ganz andere Art als Großvater damals.

«Mama.»
«Jaa.»
«Hör mal.»
«Ja, Sofia.»
«Daß ... Mama. Weißt du ...»
«Was denn?»
«Mama ... daß ... hör mal, weißt du, Mama ...»
Da platzt dem Kleinen der Kragen.
«Daß hör mal weißt du hör mal weißt du Mama, hör mal», äfft er sie mit seiner verächtlichsten Stimme nach.
Ich bringe ihn zum Schweigen und wende mich Sofia zu, die auf meiner anderen Seite am Eßtisch sitzt.
«Was möchtest du mir erzählen, Sofia?» frage ich.
Sie holt tief Luft. Wirft ihrem Bruder einen raschen Blick zu.
«Daß ... Mama. Hör mal. Weißt du ...»
Dann verstummt sie. Blickt auf ihren Teller. Stochert im Essen herum.
«Komm schon, Sofia», versuche ich es. «Was willst du sagen?»
Da seufzt sie:
«Jetzt hab ich es vergessen.»
Und es ist sehr schwer, ihr auf die Sprünge zu helfen. Man kann ja nicht wissen, worüber Sofia reden wollte. Sie hat ganz eigenwillige Gedankengänge, die meistens überhaupt nichts mit dem zu tun haben, was gerade am Eßtisch besprochen wird.
Und das ist fast immer ziemlich viel auf einmal. Der Vater der Kinder hält oft während des ganzen Abendessens seine Monologe. Er hat viel zu erklären und kommt selten zu einem Ende, bevor wir mit dem Essen fertig sind. Ich versuche, gleichzeitig aufmerksam zuzuhören und darauf zu achten, daß alle ihr Essen bekommen, ohne

sich zu zanken, herumzukleckern oder sich mittendrin davonzustehlen.
Bei jedem Essen muß ich mich mit vier bis fünf Gesprächsteilnehmern zugleich unterhalten. Ab und zu probiere ich, ob ich sie nicht davon abhalten kann, sich gegenseitig ins Wort zu fallen. Aber es ist zwecklos. Und dann werfe ich auch noch meine Bemerkungen dazwischen.
Wenn Sofia etwas sagen möchte, muß sie mehrmals Anlauf nehmen, bis sie sich Gehör verschafft hat. Sie hat die leiseste Stimme in der Familie, aber man kann nicht behaupten, daß sie die nicht voll ausnutzt, wenn für sie das Maß voll ist.
«MAMA!»
«Jaa.»
«DASS ... HÖR MAL.»
«JAA!»
«DASS WEISST DU, MAMA. DASS HEUTE ... DASS DER AFF ... DASS HEUTE ALS DER AFFALT AUF DEM SCHULHOF WEICH WAR ...»
«Affalt! Affalt hat sie gesagt. Die weiß nicht mal, daß es A-s-ph-a-l-t heißt!»
Wieder der Kleine.
Ich überhöre seinen Kommentar.
«Was war, als der Asphalt weich war, der As-phalt?» frage ich. «War der Asphalt auf dem Schulhof heute weich?»
«Nichts. Da war nichts», sagt Sofia.
Danach, während wir weiteressen, sagt sie nichts mehr.

Ich rede mit ihren Geschwistern.
«Sofia ist viel kleiner als ihr», sage ich. «Manche Wörter kann sie nicht so leicht aussprechen wie ihr. Ihr müßt ihr Zeit lassen zum Nachdenken, was sie sagen wollte.»
«Hähä. Affalt», sagt der Kleine. «Wo es doch Asphalt heißt.»
«Wir sind nicht alle gleich», versuche ich es. «Dir fällt das Reden ungewöhnlich leicht, und du lernst im Nu schwere Wörter. Aber Sofia lernt nicht so schnell. Du mußt ihr beim Lernen helfen.»
«Ja, aber ich helf ihr doch. Ich hab doch gesagt: As-phalt. Damit sie es lernt.»
«Aber es kommt darauf an, wie du es sagst. Sie wird traurig, wenn du die Stimme verstellst und sie nachmachst.»
«Hähä», sagt der Kleine.
Aber es klingt schon weniger selbstsicher, und gar nicht mehr überheblich.
Zu zweit spielen die beiden richtig lieb miteinander. Er läßt sie mit seinem Auto fahren, und sie bauen Straßen aus den Holzschienen in seinem Spielzeugfach. Sie können lange zusammen spielen, wenn die großen Kinder in der Schule sind.
Aber aus heiterem Himmel ist Schluß damit. Da nimmt der Kleine Sofia alle Autos weg.
«Du kriegst meine Autos nicht», sagt er. «Gib sie her. Es sind meine.»
«Du kannst sie ihr doch wohl leihen», werfe ich ein.
«Sie hat selber Autos. Sie kann mit ihren eigenen Autos spielen.»
«Hab ich gar nicht!» behauptet Sofia.
«Das hier sind jedenfalls meine», antwortet der Kleine. «Gib sie her.»
Sie läuft weg, er hinterher.

«Gib sie ihm, Sofia», sage ich. Denn ich weiß, wie das alles endet. Der Kleine kann ganz schön zupacken.
«Gar nichts geb ich ihm, gar nichts», schreit Sofia und rennt, was das Zeug hält. Bis er sie eingeholt hat. Bis er ihr die Autos abnimmt und sie außerdem tüchtig durchschüttelt.
Sofia schreit wie am Spieß. Der Kleine scheint mit sich zufrieden.
Ich versuche, Sofia zu trösten, nehme sie auf den Schoß und schlage ihr andere Sachen vor, die sie machen kann.
«Ich geh jetzt raus», sagt der Kleine da mit einem verächtlichen Blick auf Sofia.
«Ich komm mit, warte auf mich, ich komm mit», ruft Sofia und klettert sofort von meinem Schoß herunter.
«Ich denk ja gar nicht dran», sagt der Kleine. «Tschüs.»
«Du kannst doch wohl auf Sofia warten», wende ich ein.
«Kann ich gar nicht. Ich geh nämlich zu Peder, und da kann sie nicht hin, weil Pia krank ist.»
Daraufhin geht er.
Sofia weint.

In Sofias Schule gibt es eine Psychologin. Das freut mich sehr; mir ist auch zu Ohren gekommen, daß die Schulpsychologin alle Kinder in der Vorschulklasse testet.
Gleich an Sofias erstem Schultag frage ich die Lehrerin, wann die Kinder getestet werden.
Sie glaubt, es sei bald soweit; aber ich könnte mich direkt an die Psychologin wenden, wenn ich wolle.
Keine Frage.
Ich rufe die Psychologin an und bekomme einen Termin. Anfang Oktober treffen wir uns.
Die Psychologin bleibt ruhig und sachlich, während ich ihr all meine Sorgen anvertraue.
Gibt Sofia zu leicht nach, ist sie ungewöhnlich zurückhaltend? Leidet ihre Entwicklung darunter, daß sie von ihren Geschwistern geärgert und ausgelacht wird, wenn sie etwas Falsches sagt? Und wie kann ich das verhindern?
Verlange ich zuwenig von Sofia, weil sie die Jüngste und die Kleinste in der Geschwisterschar ist, und bleibt sie deshalb auf einem kindlicheren Stadium stehen, als ihr eigentlich gemäß wäre? Und wie soll ich Sofias Bedürfnisse mit denen ihrer Geschwister in Einklang bringen?
Die Psychologin erzählt, was für einen Test die Kinder machen werden. Es ist ein Schulreifetest. Der geht ganz schnell, und die Psychologin verspricht, sich sofort bei mir zu melden, wenn die Ergebnisse vorliegen.
Auf dem Heimweg freue ich mich. Das Herbstlaub leuchtet bunt, der Himmel ist klar, und ich habe die Aussicht darauf, bald etwas in der Hand zu haben, womit ich Sofia eher die Hilfe geben kann, die sie braucht.

Sofias Lieblingsbeschäftigung ist Malen. Sie malt mit Wachsmalstiften, mit Wasserfarben und mit Fingerfarben. Zu Weihnachten bekommt sie die alten Ölfarben von ihrem Vater, außerdem richtige Leinwand zum Malen und eine Palette.
Sie malt Muster. Menschen, Dinge und Tiere malt sie kaum, sondern meistens Muster.
Ihr Vater ist hingerissen.
«Sie hat einen einzigartigen Farbensinn», sagt er. «Sie weiß ganz genau, wie sie die Farbzusammenstellung und die Komposition gestalten soll. Sie ist genial. Von all unseren Kindern hat sie am meisten Begabung.»
Sofia stellt Kompositionen in Blau, Grün und Lila zusammen: schwere, düstere Muster mit leuchtenden Farbtupfern hier und da oder mit hell schimmernden Tönen in Wellen. Sie malt Streifen, Rhomben und unregelmäßige Muster, die ihr Vater einrahmt und die wir an die Wand hängen.
Sie sind sehr schön.
Sofia wird Künstlerin, wenn sie groß ist. Genau wie ihr Vater.

Sofias Vater macht sich große Sorgen: Wird der Kunstunterricht in der Schule den Farbensinn seiner Tochter zerstören? Deshalb freut er sich, als Sofias Lehrerin einen Elterntag mit Ausstellung in der Klasse ankündigt.
Auch ich warte ungeduldig auf den Elterntag. Vielleicht werde ich jetzt auf ein paar Fragen Antwort erhalten. Ich finde, Sofia hat sich in diesem Herbst verändert. Zu Hause ist sie stiller und nachgiebiger geworden; sie zieht den kürzeren, geht auch mal leer aus und findet sich damit ab, daß die Brüder ihr Sachen wegnehmen, ohne wie früher auf sie loszugehen und sich zu wehren. Sie weint auch nicht mehr wütend und empört und wirft sich in meinen Schoß, wenn ihr eine Ungerechtigkeit widerfährt.
So resigniert hat sie noch nie gewirkt.
Sie sieht kleiner aus als sonst, ist schmal und blaß.
Es ist lange her, daß ich sie zuletzt im Schlaf lachen gehört habe. Vielleicht habe ich jetzt einen zu festen Schlaf, um sie zu hören?
Die Eltern können am Besuchstag kommen und gehen, wann es ihnen paßt. Ich setze mich als erste in die Klasse, und kurz darauf kommt Sofias Vater. Die Kinder dürfen sich verkleiden; sie machen Spiele und führen ein Stück auf, das sie sich selbst ausgedacht haben. Sofia ist auch dabei; als Statistin steht sie mit Halsband und Hut in einer Ecke und strahlt uns die ganze Zeit glücklich an.
Danach gehen die Kinder nach draußen, und die Lehrerin zeigt uns ihre Arbeiten. Die Eltern erhalten einen Einblick in die Leistungen ihres Kindes und können sie mit anderen vergleichen. Viele dieser Kinder können lesen, schöne gleichmäßige Zahlen schreiben und ihre Namen sauber und ordentlich buchstabieren.
Auf Sofias Blatt steht MLFA.
Aber das liegt am Namenswechsel. Weil sie doch die Buchstaben

ihres Namens schreiben gelernt hat, als sie noch zu Hause war, ein kleines Baby, das Malena hieß. Als sie dann mit neuem Namen in die Schule gekommen ist, hat sie nicht immer daran denken können, daß auf einmal andere Buchstaben für dieselbe Person standen. Also ist eine Mischung aus beiden Namen herausgekommen, von jedem etwas.

Die Lehrerin erklärt, das sei nicht so schlimm. Alle wissen: MLFA heißt Sofia Magdalena.

Es sei nicht Sinn der Sache, die Kinder verfrüht zum Lesen-, Schreiben- und Rechnenlernen zu zwingen. Allerdings würden Buchstaben und Zahlen ganz zwanglos ins Spiel einbezogen, und die neugierigsten Kinder könne man nicht davon abhalten, praktisch von alleine einiges aufzuschnappen, erzählt die Lehrerin. Jedenfalls würden in der Gruppe sowohl Buchstaben als auch Zahlen durchgenommen.

Zuletzt haben sie Fünfen gezeichnet. Fünfen in einer langen Reihe nacheinander, und unter die erste Zeile noch mehr Reihen. Die Lehrerin zeigt uns Sofias ockergelbe Fünfen.

Da schwappen sie zuhauf über das Papier, in eigenen Rhythmen und ganz seltsamen Formationen, die gar nichts mit den geknickten Hilfslinien auf dem Blatt zu tun haben. Gegen Ende öffnen sie sich immer mehr; der obere waagerechte Strich der Fünf wird immer schräger und senkrechter, während der Halbkreis unten auch immer großzügiger und gerader wird. Die Figurengruppen streben in die obere rechte Blattecke, immer größer und einer Fünf immer unähnlicher, je weiter es dem Ende zugeht. In rhythmischer Bewegung fliegen sie vorwärts-aufwärts.

«Ja, so sehen also Sofias Fünfen aus», sagt die Lehrein. Und zum Vergleich hält sie die ordentlichen, schnurgeraden Reihen leuchtend roter Fünfen eines anderen Kindes hoch; gleichmäßig, exakt, in Reih und Glied und mit gleich großen Zwischenräumen.

Ich verstehe, was sie nicht laut sagt. Daß wir selbst sehen können, wie schwer es Sofia fällt, in einer Zeile zu schreiben. Ihre Fünfen sehen nun mal nicht so aus, wie es sich gehört.

Aber Sofias Vater gerät beim Anblick von ihren Fünfen in Ekstase.

«Das ist ja unglaublich», jubelt er. «Sie hat das Blatt ungeheuer geschickt eingeteilt, ihre Linien geradezu genial komponiert. Was für

ein phantastisches Form- und Farbempfinden! Und wie avantgardistisch sie diesen ockergelben Ton gewählt hat!»
«Ja, das hier sind also die Fünfen von Kira», versucht es die Lehrerin noch einmal. «Die meisten Kinder haben Rot genommen ...»
Sofias Vater grinst verächtlich; was ist schon ein leuchtendes Rot gegen Ockergelb? Eine ganze Weile hält er Sofias Fünfen in der Hand, völlig weggetreten.
Ich versuche, mit der Lehrerin kurz ins Gespräch zu kommen; es gibt einiges, was ich wissen möchte. Aber es sind so viele andere da, die auch mit ihr reden wollen, und sie scheint fast erleichtert zu sein, sich anderen Eltern zuwenden zu können.
An diesem Tag verlassen wir die Schule mit ganz unterschiedlichen Gefühlen, mein Mann und ich.
«Ich frage mich bloß, ob diese Lehrerin überhaupt begreifen kann, wie wunderbar originell und ästhetisch die Kleine diese Aufgabe gelöst hat», sagt mein Mann. «Absolut phantastisch», meint er. Noch lange danach schwärmt er von Sofias Fünfen.
Sie bekommt einen neuen Malksten mit achtundvierzig Farbnuancen. Zufrieden stellt er fest, die Schule habe Sofias Originalität offenbar keinen Abbruch getan.
Er findet die Schule ganz in Ordnung.

Bald ist Weihnachten, und in der Vorschulklasse wird ein Weihnachtsfest gefeiert. Sofia spielt mit den anderen Kindern im Kreis. Die Kinder sind fröhlich und ausgelassen, es werden Lieder in fremden Sprachen gesungen, und Sofia singt mit. Englische und italienische Texte. Man kann ihr ansehen, daß sie nicht jedes Wort behalten hat, aber sie bewegt trotzdem den Mund und sieht mich beim Singen unverwandt an. Sie ist stolz und froh, weil sie zusammen mit den anderen ausländische Lieder singen darf, die niemand sonst in der Familie kennt.
Zu Weihnachten bekommt Sofia ein Puppenhaus. Beide Brüder helfen beim Aussuchen; für Sofia finden sie das Beste gerade gut genug, und kleine batteriebetriebene Lampen dürfen auf keinen Fall fehlen. Sie tragen das Puppenhaus zum Auto, und wir tuscheln geheimnisvoll, wo wir so ein großes Geschenk verstecken können, damit Sofia es nicht findet und sich ihre Gedanken macht.
Das Puppenhaus bleibt im Kofferraum. Es fährt mit uns hin und her, aber die Jungen verraten unser Geheimnis nicht.
Sofia freut sich unbändig. Die ganzen Weihnachtsferien über spielt sie mit dem Puppenhaus, und als die Schule wieder anfängt, möchte sie ein paar Freundinnen einladen, ihr Puppenhaus zu bewundern.
Elina kann nicht kommen, weil sie allergisch gegen Hunde ist und weil wir einen Boxer haben, Tarzan. Aber einmal kommt My, ein andermal Cathy.
Zu zweit spielen sie schön, und Sofia macht es Spaß, Gastgeberin zu sein. Aber morgens besteht sie immer noch darauf, daß ich sie bis zum Schulhof begleite, und oft dauert es eine ganze Weile, bis sie meine Hand losläßt und mir zum Abschied zunickt.
«Heute haben sie mich in der Schule geärgert», sagt Sofia. «Sie ha-

ben gesagt, daß ich ein Dummtopf bin. Sie haben mir die Mütze abgenommen.»
«Hähä», fängt der Kleine an, «Dummtopf! Dummkopf heißt das, weißt du nicht mal so was ...»
«Als ich klein war, hat mir ein Junge immer die Mütze abgenommen», erzähle ich. «Harry hieß er. Aber Oma hat gesagt, der wollte sicher bloß mit dir spielen. Du wirst sehen, sie finden deine Mütze bloß lustig und das Ganze ist nur ein Spaß. Nimm du ihnen die Mützen ab.»
«Maxi hat gesagt, ich bin ein Dummtopf», sagt Sofia. «Und alle haben sie gelacht.»
Am nächsten Tag rede ich mit der Lehrerin. Lassen die anderen Kinder Sofia auf dem Schulhof mitspielen?
Die Lehrerin drückt sich ein wenig vage aus.
«Sie spielt so hübsch», sagt sie.
«Aber lassen die anderen sie mitspielen? Wird sie von ihnen aufgezogen?»
Die Lehrerin zögert wieder mit der Antwort:
«Sie ist ziemlich zurückhaltend. Und jetzt, als Elina krank war, da ... ja, eigentlich spielt sie wohl meistens allein ...»
«Wird sie von den anderen Kindern geärgert?»
«Man kann eigentlich nicht sagen, daß sie direkt eine Außenseiterposition hat», antwortet die Lehrerin.
Sobald Elina wieder gesund ist, rufe ich ihre Mutter an, und Sofia darf zu Elina gehen, ihr antikes Puppenhaus bewundern und mit ihren Puppen aus aller Herren Ländern spielen. Sofia mag Elina sehr gerne, und es ist zu schade, daß Elina wegen Tarzan nicht zu uns kommen kann.
My lädt Sofia auch zu sich ein, und ich hoffe, sie werden sich besser kennenlernen, wenn sie zu zweit spielen. Ich hoffe, die anderen werden Sofia auch in der Schule mitspielen lassen.
Manchmal klappt es. Aber manchmal auch nicht.
Sie macht wieder einen blassen, unglücklichen Eindruck.
Keine Außenseiterposition. Nicht direkt.

Eines Tages begegne ich der Psychologin auf dem Schulhof.
«Jetzt habe ich den Test mit den Kindern durchgeführt», sagt sie. «Es kann nicht mehr lange dauern, bis die Ergebnisse vorliegen; ich melde mich dann bei Ihnen.»
Aber das Frühjahr ist schon fast vorbei – wir haben Ende März –, als die Psychologin mich anruft.
«Es hat sich leider in die Länge gezogen», sagt sie, «aber jetzt habe ich die Testergebnisse. Daraus geht hervor, daß Sofia noch nicht schulreif ist. Sie hat Schwierigkeiten, die Aufgaben zu erfassen und größere Zusammenhänge herzustellen. Ihr Gestaltungs- und Ausdrucksvermögen liegt nicht auf der Ebene gleichaltriger Kinder. Die Lehrerin meint, ihr Kontakt zu den Klassenkameraden ließe zu wünschen übrig.
Eine leichte Schädigung des Nervensystems ist nicht auszuschließen», fügt sie hinzu. «Ich finde, Sie sollten sich an einen Neurologen wenden.»
Sie verspricht, mir das Testergebnis zuzuschicken. Ich erkundige mich nach Sofias Einschulung: kann sie jetzt im Herbst, wie vorgesehen, mit der ersten Schulklasse anfangen?
«Ich meine nicht, daß sie schon im Herbst mit der Schule anfangen sollte», sagt die Psychologin. «Vielleicht könnte sie noch ein Jahr lang in die Vorschule gehen.»
Ich erzähle ihr, wie ungeduldig Sofia auf ihren richtigen Schulanfang im Herbst wartet; wie herablassend in ihrer Klasse von den Mini-ABC-Schützen geredet wird, die im nächsten Herbst erst anfangen, wenn sie selbst schon groß sind und in die erste Klasse gehen. Ich glaube, für Sofia wäre es eine große Enttäuschung, in der Vorschulklasse bleiben zu müssen, während die anderen alle Erstkläßler werden. Dann sollte sie schon lieber die Schule wechseln

und irgendwo anders eine Vorschulklasse besuchen, wenn das geht. Damit ihr die Enttäuschung erspart bleibt, sich mit ihren Klassenkameraden vergleichen zu müssen.
Die Psychologin weist darauf hin, daß die Lernmethode in dieser Schule – die Ganzheitsmethode – besonders für die Kinder ein Hindernis ist, die sich schwertun, Zusammenhänge wie ein ganzes Wortbild aufzufassen. Diese Methode sei wie geschaffen dafür, alle Kinder mit Lese- und Schreibschwierigkeiten zu Fall zu bringen, meint sie. Sofia solle lieber in einer anderen Vorschule anfangen, irgendwo anders.
Sie sagt, es sei auch durchaus vorstellbar, Sofia direkt in einer Sonderschulklasse anfangen zu lassen. Da seien das Lerntempo langsamer, die Klasse kleiner und die pädagogische Betreuung qualifizierter. Dort hätte jedes einzelne Kind mehr Möglichkeiten, individuelle Hilfen und Anleitungen zu bekommen.
Dann müßte man beim Schulamt eine Genehmigung einholen. Nach dem Gesetz stünde es jedem Kind zu, in der normalen Schule anzufangen und dann in eine Hilfsklasse versetzt zu werden, eine sogenannte K-Klasse mit Kurzstunden, falls sich herausstellt, daß es dem normalen Unterricht nur schwer folgen kann.
Alle sollen die gleiche Chance haben. Niemand muß in die Sonderschule, ohne es zuvor in der normalen Schule versucht zu haben.
Die Psychologin gibt mir die Namen mehrerer Neurologen, und bei einem von ihnen lasse ich mir sofort einen Termin geben. Wir brauchen nicht länger als ein paar Wochen zu warten.
Zu Hause bringe ich das Gespräch vorsichtig auf dieses Thema.
«Die Psychologin ist der Meinung, Sofia müßte von einem Neurologen genauer untersucht werden; möglicherweise ...»
Sofias Vater ist entrüstet.
Er glaubt überhaupt nicht an das Testergebnis. Er kann doch sehen, was für ein kluges und vernünftiges Mädchen Sofia ist; bei den albernen Aufgaben hat sie das bloß nicht beweisen können. Als man ihn einmal getestet hat, da hat er so merkwürdige Sachen gezeichnet, daß die Psychologen seine Kritzeleien überhaupt nicht deuten und in ihre vorgefertigte Skala einordnen konnten; er hat in keine Schublade gepaßt. Mit Sofia sei es sicher genauso, sie paßt nicht ins Raster, und damit können die nichts anfangen, die beschränkten

Experten mit ihren Standardlösungen. Die ist doch selber neurotisch, die Psychologin, meint er.
Ich sage, meiner Ansicht nach müßten wir unbedingt prüfen, ob nicht doch etwas daran sei. Schließlich könne es nichts schaden. Wir müßten unbedingt herausbekommen, welche Voraussetzungen Sofia jetzt eigentlich für ihren Schulanfang mitbringt. Damit sie da anfangen kann, wo sie die größte Chance hat, sich wohl zu fühlen und alles Wichtige zu lernen.
Sofias Vater ist dagegen, Sofia anstrengenden Untersuchungen auszusetzen. Er hat auch schon neurologische Tests durchmachen müssen, das war unangenehm, hat weh getan. Sofia soll nicht einfach auf Grund vager Vermutungen so einer Prozedur unterzogen werden.
Er findet es gar nicht gut, daß ich schon einen Termin bei einem Neurologen habe. Er meint, wir sollten abwarten.
«Du hast viel zuviel Vertrauen in alle möglichen Experten», sagt er.
Um diese Zeit wird Sofia sieben.

Eine Stunde lang müssen wir im Warteraum des Neurologen sitzen; in der Zeit werden wir beide müde und schlecht gelaunt. Aber als man uns aufruft, bessert sich unsere Stimmung.
Der Neurologe ist jung, trägt keinen weißen Kittel, sondern ein braunes Polohemd und wirkt ruhig und gelassen. Er prüft Sofias Reflexe: sie soll einen Finger zur Nase führen, dann zu seinem Finger und zurück zur Nase, irgendwo neben ihren Kopf und zurück zu seinem Finger. Sie spielen Ball, und Sofia fängt ihn auf. Sie soll auf einem Bein hüpfen.
Auf dem einen Bein geht das gut, dem linken. Aber auf dem rechten will sie nicht hüpfen. Nach vielen Aufforderungen wagt sie einen Versuch. Aber sie kann das Gleichgewicht kaum halten und weigert sich, es noch einmal zu versuchen.
Der Doktor leuchtet ihr in die Augen, redet und stellt Fragen. Er meint, es sei besser, wenn Sofia vom schwedischen Personal in der Gesundheitsbehörde untersucht würde. Die «Kinderburg» käme auch in Frage, sagt er, aber dort würde kaum schwedisch gesprochen.
Ich zeige ihm das Gutachten der Schulpsychologin, und er bestätigt ihre Vermutung; ein leichter nervlicher Defekt scheint ihm auch nicht abwegig.
«Aber es kann sich höchstens um eine Kleinigkeit handeln», sagt er; «gut möglich, daß es sich auswächst.»
Ich frage ihn nach seiner Meinung zu Sofias Einschulung; was ist zu tun, damit ihr Selbstvertrauen nicht angeknackst wird und damit ihr die Erfahrung erspart bleibt, nicht mit den anderen mithalten zu können? Sie soll nicht vom allgemeinen Spiel ausgeschlossen werden, beiseite stehen und nur hin und wieder unter bestimmten Bedingungen akzeptiert werden.

Der Neurologe meint, Sofia hätte möglicherweise regelmäßigen Kontakt zu einem Psychologen nötig, um ihr Selbstvertrauen zu stärken. Es gäbe auf Kinder spezialisierte Therapeuten.
Dann stellt er uns eine Überweisung für die Gesundheitsbehörde aus und sagt, wir könnten uns bei Bedarf wieder an ihn wenden; die Behörde werde uns mitteilen, wann Sofia kommen kann.
Auf dem Heimweg fühle ich mich richtig erleichtert. Vielleicht wird jetzt endlich alles geklärt.
Aber zu Hause sind wir in Ungnade. Alles ist hungrig und fragt, wann ich endlich mit dem verspäteten Abendessen anfange. Die Ursache für diese Verspätung ist genausowenig willkommen; also liefere ich nur einen kurzen Bericht, erwähne, daß der Neurologe eine Überweisung für weitere Untersuchungen ausgestellt hat.
Die Gesundheitsbehörde bringe ich erst ein paar Tage später zur Sprache und erzähle beiläufig, der Neurologe sei auch der Meinung, es handle sich um einen geringen organischen Defekt, der aufzuspüren sei.
«Er hält das Ganze höchstens für eine Kleinigkeit, die sich vielleicht auswächst», sage ich.
Wir sitzen im Auto, fahren auf der Schnellstraße nach Hause, und die Birken schlagen gerade aus; sie verfärben sich nicht mehr violett, sondern sind ganz zart hell-gelb-grün. Ich folge dem sanften Grün mit den Augen, während ich hinzufüge, daß man uns auch zum regelmäßigen Kontakt mit einem Psychologen geraten hat, wegen einer Therapie für Sofia. Zur Stärkung ihres Selbstbewußtseins.
Frühling und zartgrüne Birken – das war für mich immer das Schönste am ganzen Jahr. Seit diesem Tag messe ich dem noch eine andere Bedeutung bei; immer, wenn ich die hellen Laubmassen sehe, muß ich an diese Autofahrt auf dem westlichen Zubringer denken.
Sofias Vater sagt:
«Das einzige, was du für deine Kinder tust, ist, sie zu allen möglichen und unmöglichen Experten zu schleppen. Damit du dich nicht selbst um sie zu kümmern brauchst.»

Im Herbst fängt Sofia trotzdem mit der ersten Klasse in der Minervaschule an, wo sie schon die Vorschulklasse besucht hat.
Der Gedanke, sie die Vorschule wiederholen zu lassen, in der sie sich nicht wohl gefühlt und ihr schlimmstes Jahr verbracht hat, ist unvorstellbar. Es gibt keine andere Vorschule in Reichweite. Die Mattby-Gesamtschule in unserer Nähe ist sehr groß, mit überfüllten Klassen und mehreren Parallelklassen; wie soll Sofia sich dort zurechtfinden? Außerdem die Umgewöhnung. In der Minervaschule gibt es keine Parallelklassen und nicht mehr als gut zwanzig Schüler pro Klasse.
Aber den Ausschlag gibt die Lehrerin, die Sofia in der Minervaschule bekommt. Es ist dieselbe über alles geliebte und sehr fähige Lehrerin, die Sofias Brüder seit zwei Jahren unterrichtet. Sie kennt Sofias Probleme und ist bereit, sich ihrer anzunehmen.
Und an dieses Jahr denkt Sofia gerne zurück. Sie hat dieselben Klassenkameraden wie in der Vorschule und viele neue dazu, aber in diesem Jahr fällt es ihr leichter, mit den anderen zurechtzukommen. Vielleicht kennen sie sich inzwischen besser, vielleicht sind die Kinder reifer und verständnisvoller geworden; oder sie haben jetzt, wo mehr von ihnen verlangt wird, an wichtigere Dinge zu denken.
Aber in erster Linie ist es das Verdienst der Lehrerin, die darauf achtet, daß Sofia sich sicher und anerkannt fühlt und daß ihr genügend Aufmunterung und Verständnis zuteil wird.
Es ist ein gutes Jahr.
Weniger was das Lernen betrifft. Sofia kommt mit dem Rest der Klasse nicht mit. Aber sie bekommt nicht zu spüren, daß sie andere Voraussetzungen mitbringt. Sie kann die Aufgaben lösen, die ihr gestellt werden, und muß sich nicht mit den anderen messen.
Sie wird zum Faschingsfest bei My eingeladen, wo sie als Wichtel-

männchen verkleidet mitten unter den Klassenkameraden verewigt wird. Sie fühlt sich wohl. Und genau wie ihre Brüder liebt auch Sofia ihre Lehrerin heiß und innig.
Sie sind beide rothaarig. Vielleicht spielt das eine Rolle.
Eines Tages im Herbst werden wir zur Gesundheitsbehörde gebeten, wo uns der Kinderpsychiater freundlich empfängt und sich zunächst mit uns beiden, dann mit jedem einzeln unterhält. Sie haben Sofias Unterlagen angesehen und sie in die Kartei der Gesundheitsbehörde aufgenommen. Das ist im Moment alles; sobald ein Platz frei wird, soll Sofia aufgenommen und untersucht werden.
Vielleicht holt sie die anderen langsam ein. Zumindest geht es ihr zur Zeit gut. Und wir wissen, wohin wir uns mit unseren Problemen wenden können. Falls wir welche haben sollten.
Das Weihnachtsfest kommt, mit ihm die Weihnachtsferien. Die Schule geht weiter, bis zu den Osterferien, in denen Sofia ein pädagogisches Spiel ausleihen darf, um zu Hause zu üben. Das macht ihr Spaß; sie spielt gerne mit den bunten Klötzchen.
Nach den Osterferien fängt die Schule an einem Montag morgen an. Wie üblich. Ein Montag morgen, der so anfängt wie jeder Montag morgen …

In diesem Frühjahr wird Sofia für fünf Tage in die Gesundheitsbehörde aufgenommen, wo man sie in Zusammenarbeit mit der Kinderklinik von Kopf bis Fuß untersucht. Eines Tages im späten Frühjahr werden wir gemeinsam in die Gesundheitsbehörde bestellt, wo wir die Diagnose erfahren: MBD.
Sofia hat ein MBD-Syndrom, Minimal Brain Dysfunction: eine geringe Funktionsstörung des zentralen Nervensystems. Der Fehler sitzt in der linken Gehirnhälfte, weshalb er in der rechten Körperhälfte zum Tragen kommt.
Man kann unmöglich sagen, wann die Behinderung angefangen hat, aber da die Geburt laut Krankenhausakte normal verlaufen ist, ist höchstwahrscheinlich während der Schwangerschaft etwas vorgefallen. Vielleicht hatte ich eine so unauffällige Virusinfektion, daß ich sie nicht bemerkt habe.
Eine kleine Narbe im linken Schläfenlauf verursacht außerdem Störungen der Hirnaktivität, unregelmäßig auftretende kurze Ausfälle, die sich als kleine epileptische Anfälle äußern, sogenannte «petits mals». Die Anfälle haben nichts mit der MBD zu tun, sondern sind eine Sache für sich. Solche Anfälle waren wohl die Ursache, als Sofia mit zehn Monaten vom Lehnstuhl fiel, als sie, drei Jahre alt, mit unserer Haushilfe auf dem Rückweg vom Laden umgekippt ist, und ein andermal, als sie mit sechs Jahren vom Schuppendach fiel. Und vor allem an diesem Montagmorgen, an dem wir alle in ihrer Nähe waren und deutlich sehen konnten, was mit ihr los war und daß sie untersucht werden mußte. An dem Montagmorgen, der die Ursache ihrer Schwierigkeiten an den Tag gebracht hat.
Trotzdem will es mir nicht recht in den Kopf. Ich frage, ob sie sich gefährlich verletzt haben kann, als sie vom Stuhl oder vom Schup-

pendach fiel, ob sie sich eine Verletzung zugezogen hat, durch die ein Hirnschaden entstehen konnte.

Aber das ist es nicht. Sondern eher umgekehrt: sie hat einen Anfall bekommen und ist deswegen heruntergefallen.

Die Diagnose ist vor allem für mich eine große Erleichterung. Also habe nicht ich Sofias Probleme provoziert, indem ich sie ständig beobachtet, kritisiert und mit anderen verglichen habe; nicht meine Unfähigkeit als Mutter und Erzieherin verursacht ihr abweichendes Verhalten, ihren Jähzorn und ihre Launenhaftigkeit, ihre Konzentrationsschwierigkeiten und Probleme, Großes von Kleinem, weit Entferntes von Nahem, Vordergrund vom Hintergrund und Wichtiges von Unwichtigem zu unterscheiden. Es gibt eine Ursache, die man vorweisen, anfordern und aus einem EEG ablesen kann.

Und niemand ist daran schuld.

Endlich sehen wir keine Gespenster mehr. Jetzt warten wir nur darauf, zu erfahren, was getan werden kann: ob wir gezielt üben, den Schaden kompensieren, die Mängel überbrücken und Fertigkeiten aufbauen können. Jetzt können wir versuchen, die früheren Dummheiten und Versäumnisse wiedergutzumachen und zu beheben.

Endlich haben wir wieder festen Boden unter den Füßen.

Sofia ist knapp acht Jahre alt. Abgesehen von dem Sonntagmorgen, an dem sie zur Welt kam, ist dies der beste Tag in unserem gemeinsamen Leben.

Sofia ist an einem Sonntag morgen genauso auf die Welt gekommen, wie sie eben ist: fröhlich, zornig, rothaarig und mit ihrer MBD. Das eine wie das andere gehört zu ihr. Es ist ebenso sinnlos, darüber nachzugrübeln, warum ausgerechnet sie und nicht ihr knapp zwei Jahre älterer Bruder rothaarig ist, wie über die Frage, warum gerade sie behindert ist, wie und wann es dazu kam.
Die Ursachen sind höchstens von wissenschaftlichem Interesse, wenn es darum geht, MBD-Kinder so früh wie möglich zu erkennen und ihnen in einem Dasein weiterzuhelfen, das für sie bedeutend komplizierter ist als für die meisten von uns.
Trotzdem kann ich es nicht lassen, mir darüber den Kopf zu zerbrechen, wann es wohl passiert ist, wann die Funktionsstörung in Sofias zentralem Nervensystem entstanden ist.
Ich erinnere mich, wie unruhig ich seit Beginn dieser Schwangerschaft war; eine Unruhe, die ich in den drei vorhergehenden Schwangerschaften nie empfunden hatte. Warum war ich damals so voller Besorgnisse und Bedenken?
Lange Zeit habe ich mir Sorgen gemacht, weil meine persönliche Lebenssituation in diesen Jahren beengt war; ich lebte in einer Art Sackgasse, ohne die geringste Chance, jene Seiten von mir weiterzuentwickeln, die mir am wichtigsten waren. Ich habe mir vorgestellt, meine Verzweiflung hätte sich vielleicht auf das Kind in meinem Bauch übertragen und es daran gehindert, in der Geborgenheit aufzuwachsen, die ihm eigentlich zustand und die die anderen drei bekommen haben, obwohl ich damals wesentlich erschöpfter und angestrengter gewesen war.
Mein Gefühl, vom Leben nichts mehr zu erwarten zu haben, hätte die Entfaltung meines Kindes behindert.
Das glaube ich schon ziemlich lange nicht mehr. Zumindest kann

ich mir keine Vorwürfe machen, weil mein Leben damals so war, wie es war.
Genau wie mit Sofias Sturz vom Schuppendach, bei dem ich zunächst annahm, er hätte ihr einen Schaden zugefügt, während in Wirklichkeit wahrscheinlich ihre bereits vorhandene Behinderung die Ursache für den Unfall war; genauso kann es – darauf bin ich inzwischen gekommen – mit meinen Gefühlen und Stimmungen in den langen Monaten gewesen sein, in denen Sofia und ich unter einer Haut gelebt haben.
Kennt man denn Botschaften, die durch das Blut übertragen werden! Was weiß man schon von Mitteilungen, die Ahnungen sind und aufgefangen werden, ehe sie abgeschickt wurden? Kann man wissen, wer Sender und wer Empfänger ist, wer Fragen ohne Wörter formuliert und wer die Antwort und die Gewißheit hat?
Etwas ist passiert, und zwar sehr früh.
Als wir uns an diesem Sonntagmorgen zum erstenmal in die Augen sahen, Sofia und ich, waren wir beide von derselben Gewißheit geprägt.
Es hat nur so lange gedauert, unsere Umgebung soweit zu bringen, unsere Wahrnehmungen und Gefühle ernst zu nehmen. Der Weg hat über so viele unnötigen Mißverständnisse und Hindernisse geführt.

Für uns war der Tag, an dem Sofias Diagnose gestellt wurde, *der* Tag schlechthin. In den letzten Jahren habe ich ziemlich viele Eltern von MBD-Kindern getroffen, und es war bisher noch kein einziger darunter, der diese Ansicht nicht geteilt hätte – es war eine große Erleichterung, endlich die Diagnose und damit *Gewißheit* zu haben.
Und doch habe ich Ärzte privat oder sogar in öffentlichen Vorträgen betonen hören, man solle den Eltern besser nicht sagen, daß es sich um einen organischen Schaden, eine Funktionsstörung der Gehirntätigkeit handelt. Man vertrat die Ansicht, diese Aufklärung sei den Eltern nicht zuzumuten.
Von uns Eltern hat jeder seine eigene Version vom langen Marsch durch die Institutionen mit unseren Fragen und Sorgen; Instanzen, die uns bestenfalls mit diffusen und wohlmeinenden Ratschlägen vertröstet haben – mit der Zeit werde sich schon alles einrenken. Wenn wir nachfragen, warum gerade jetzt nicht alles ganz in Ordnung ist, werden wir schlimmstenfalls für neurotisch und lästig gehalten.
Außerdem haben die Experten prinzipielle Einwände gegen den Begriff «MBD». MBD ist keine Diagnose, sondern ein Etikett, das man aufklebt, wenn man sich an nichts anderes halten kann – «MBD ist not a diagnosis but a lack of one».
Natürlich kann man niemanden durch eine Buchstabenkombination oder eine Etikettierung glücklicher machen. Aber es ist ungeheuer wichtig, zu erfahren, daß es konkrete, greifbare Ursachen für die Schwierigkeiten gibt, in die das eigene Kind anscheinend immer wieder gerät. Und daß diese Schwierigkeiten nicht von den Eltern verursacht, heraufbeschworen werden.
Das ist gerade dann so wichtig, wenn die Eltern sich über die Voraussetzungen, die ihr Kind mitbringt, nicht einig werden können.

Es gibt auch Eltern, die die Abkürzung MBD wie die Pest scheuen. MBD hat nichts mit ihrem Kind zu tun und soll nicht allgemein bekannt werden; niemand darf das Wort «Störung» in den Mund nehmen, zumindest nicht das Wort «Hirnfunktionsstörung», egal, wie groß und deutlich das Wort «gering» davor steht.
Sonst werden unsere Kinder demnächst abgestempelt:
«Du bist richtig MBD!»
Manchmal könnte man meinen, sogar die direkt für die Kinder zuständigen Instanzen sträuben sich dagegen, daß Informationen über die MBD allgemein bekannt werden. Es sind keine Mittel vorhanden, sich allzu vieler neuer «Fälle» anzunehmen. Und wer schafft es schon, sich um alle Mütter zu kümmern, die mit dem Hilferuf «MBD» in schwierigen Situationen angerannt kommen, die vielleicht gar nichts mit MBD zu tun haben? Um alle Lehrer, die in ihren Klassen lauter MBD-Kinder vermuten, sobald sie mit ein paar Kindern nicht zurechtkommen? Spricht man außerhalb der Fachkreise von MBD, so macht man womöglich eine Modekrankheit daraus.
Aber wie an die entsprechenden Mittel kommen, wenn man nicht auf den wachsenden Bedarf aufmerksam macht? Und wie ist man denn mit den neurotischen Müttern von Diabetikern und spastisch gelähmten Kindern fertig geworden, als Informationen über ihre Probleme aus dem Lager der Fachleute an die Öffentlichkeit gedrungen sind? Sollen wir auf regelmäßige Krebsvorsorgeuntersuchungen für Frauen verzichten, damit auch ja keine überängstlichen Patientinnen ohne Krebsverdacht in die Sprechstunde kommen?
Natürlich kann es unzuträglich und riskant sein, die Dinge beim Namen zu nennen. Ich glaube trotzdem felsenfest an diesen Weg. Meiner Ansicht nach ist niemandem geholfen, wenn man den Kopf in den Sand steckt, Umschreibungen und Euphemismen gebraucht und alle, die nicht aus Eigeninitiative Hilfe suchen, sich selbst überläßt. Schließlich geht es um nichts Grauenhaftes und Verhängnisvolles – MBD ist trotz allem eine geringfügige Behinderung, im Vergleich zu dem, was gewöhnlich unter den Begriff «Behinderung» gefaßt wird. Bei vielen wächst sie sich aus; andere lernen, sie weitgehend zu kompensieren. Manche leben permanent damit, ohne deswegen mit sich und ihrer Umwelt zu kämpfen zu haben.

Wenn ihnen Einsicht in ihre eigenen Probleme, Hilfe, Unterstützung und Verständnis gewährt wird.
Wenn sie ihr Selbstwertgefühl behalten können.
Aber wie kann ein Kind mit intaktem Selbstwertgefühl aufwachsen, wenn die Eltern und die Fachleute so große Schwierigkeiten haben, mit der Situation fertig zu werden, daß sie nicht einmal die Behinderung beim Namen nennen können?
Erst das halte ich für wirklich verhängnisvoll.

Alle Menschen haben denselben Wert. Wir sind nicht alle gleich und haben unterschiedliche und verschieden große Schwierigkeiten. Gleich sind wir nicht. Aber wir sind alle gleich viel wert.
Wie oft hat man sich das nicht selbst klargemacht, hat fest daran geglaubt und es von vorne bis hinten unterstreichen können. Ist ganz von dieser Selbstverständlichkeit überzeugt gewesen.
Trotzdem steht man eines Tages da und muß einen neuen Anfang machen. Ganz von vorne.
Alle anderen Kindern können anscheinend in die normale Schule gehen, die Kinder aller Nachbarn, Verwandten, Kusinen und sämtlicher Bekannten. Sie fangen mit der Schule an, als ob gar nichts dabei wäre, und dann sind sie einfach Schüler; bessere oder schlechtere, aber jedenfalls normale Schüler. Sie haben Klassenkameraden und Freunde, die im selben Stadtteil oder im Haus gegenüber wohnen, mit denen sie zusammen zur Schule gehen und nachmittags spielen können und die ihnen bei den Hausaufgaben helfen, wenn sie krank waren. Sie kennen die Abfahrzeiten vom Bus, machen Einkäufe und schalten den Fernseher ein, wenn sie etwas sehen möchten.
Alle – bis auf unser Kind. Alle außer Sofia.
Warum nur? Warum gerade Sofia? Warum dieses liebe, fröhliche, sommersprossige, einzigartige Kind? Warum gerade sie, warum ausgerechnet unser Kind?
Arme Sofia. Die Ärmste.
Solche Stimmungen gingen vorüber. Aber sie blieben nicht aus. In dem Herbst, in dem Sofia ihre Diagnose erhielt und wir zu dem Schluß gekommen sind, die Sonderschule sei das Beste für sie, konnten sie mich ganz unvermutet überfallen. Gerade, als alles ins rechte Lot zu kommen schien, saß mir plötzlich ein Kloß im Hals, wenn ich

sie ansah oder den Nachbarsmädchen nachschaute, die Arm in Arm zum Schulbus trotteten.

Es war nicht richtig. Es war ungerecht. Aber weder ich noch sonst jemand war daran schuld. Ich konnte niemanden dafür verantwortlich machen und zur Rede stellen.

Statt dessen überfiel mich tiefe Traurigkeit. Wegen Sofia, wegen mir selbst, wegen der ganzen Familie. Ich bedauerte jeden, den ich nur bedauern konnte.

Es hat wohl nicht allzu lange gedauert, bis ich wieder aus dem Tief herauskam; aber ich finde es wichtig, auch diese Phase aufzudekken. Man kann die Gefühle der Trauer, Enttäuschung und Wut nur überwinden, wenn man sich ihnen stellt und sie durchlebt.

Bei mir haben sie sich genauso überraschend verflüchtigt, wie sie aufgetaucht waren: eines Abends im Gespräch mit einer Bekannten, die mit der ganzen Sache nichts zu tun hatte, nur zufällig gerade in der Nähe war, als ich diese Gefühle loswerden mußte. Vielleicht war es wirklich so, wie ich es im nachhinein sehe – sobald ich damit herausgerückt war und die Wörter ausgesprochen und abgegrenzt im Raum standen, hatten die Gefühle ihre Bedrohlichkeit verloren.

Nichts war mehr verhängnisvoll, schrecklich und ungerecht.

Alles war so wie früher und wie es seitdem immer gewesen ist. Eine Behinderung, aber eine geringfügige Behinderung. Die zugleich Hoffnung und Herausforderung ist, die Erfolge und Fortschritte ermöglicht. Sofia war wieder Sofia und kein bißchen bemitleidenswert.

Sofia muß einem ganz und gar nicht leid tun.

Es ist Pfingstsonntag; Sofia ist in diesem Jahr sieben geworden. In aller Herrgottsfrühe, so gegen sechs Uhr, werde ich von einer glückstrahlenden Sofia geweckt:

«Mama, Mama, heute ist mein Glückstag!»

Ich frage mich schlaftrunken, was um Himmels willen so früh am Morgen denn passiert sein kann, als sie schon heraussprudelt:

«Ich hab meine Schuhbänder zugekriegt! Guck mal!»

Tatsächlich: Sofia hat ihre Schnürsenkel zugebunden. Ich bin ganz ihrer Meinung: das ist ein Glückstag.

Wieder und wieder hat Sofia geübt, mit Schuhen, Skischuhen und später an einer Pappscheibe mit zwei Löchern, durch die wir ein Schuhband gezogen hatten. Immer wieder, jeden Tag aufs neue, hat sie mit den widerspenstigen Schnürsenkeln gekämpft und doch aufgeben, um Hilfe bitten müssen. Sie hat nicht viele Schnürschuhe; wir haben uns angewöhnt, ein anderes Modell vorzuziehen, und andere Schuhe gekauft. Aber ein Paar hat sie von ihrer Schwester geerbt. Und dann natürlich die Skischuhe.

Und jetzt hat sie es heraus. Von nun an kommt sie *damit* selbst zurecht.

So ist es in fast allen Dingen. Es erfordert enorm viel Arbeit, Geduld und Übung, und wir waren schon oft nahe daran, aufzugeben. Sofia hat Polohemden statt Blusen mit Knöpfen und Pullover mit V-Ausschnitt statt Strickjacken; ihr Mantel hat einen Reißverschluß, keine Knöpfe, und sie trägt Jeans mit Druckknopf.

Mit einem Blick auf den Stundenplan stellt sie fest, ob sie Turnen hat, denn dann sucht sie sich Kleider aus, die man leicht an- und ausziehen kann, und nimmt lieber einen dicken Mantel als noch einen Überziehpullover. Sie kennt ihre schwachen Punkte und geht allem aus dem Weg, was sich vermeiden oder ersetzen läßt.

Ansonsten übt sie, und das oft bis zur Erschöpfung. Sie wird es lernen.
Und sie lernt radfahren und schwimmen, Schlittschuh laufen und seilspringen. Sind die Schwierigkeiten groß, so ist die Freude über einen Erfolg um so größer.
Noch viele Jahre später sieht sie mich manchmal an und sagt:
«Weißt du noch meinen Glückstag, Mama?»
Sofias Leben besteht aus vielen Siegen. Mehr als das der meisten anderen.

Kleiderkaufen ist ein fast unüberwindliches Hindernis für Sofia. Inzwischen wissen wir beide das ganz gut, nach zahllosen Rangeleien in diversen Läden. Wir kaufen das meiste nach Augenmaß oder probieren es, indem wir es ihr anhalten und Länge und Breite abschätzen, so gut es geht.
Einfach ist es trotzdem nicht. Sofia kann sich sehr schwer entscheiden. Wenn es einen weißen und einen blauen Badeanzug zur Auswahl gibt, zupfen wir lange zögernd an beiden herum. Normalerweise endet es damit, daß ich mich eindeutig für den einen entscheide. Dann nimmt Sofia den anderen. Bis sie es bereut und unbedingt den ersten will, den sie dann wieder gegen den zweiten umtauscht.
Diese Erfahrung hat bei mir zu einem manchmal unangenehmen autoritären Auftreten geführt.
«Jetzt nehmen wir den hier, und dann ist Schluß», sage ich. «Oder wir gehen.»
Dann greift Sofia schnell zu dem anderen, und damit ist die Sache erledigt.
Mit Schuhen ist es schlimmer. Sofia hat schmale, zierliche Füße, ganz andere, als die finnischen Schuhfabrikanten sich das vorgestellt haben. Wir probieren und probieren. Hier kneift sie der Schuh, da drückt er sie, und da hinten ist er ihr zu weit – bis nicht nur wir, sondern auch die Verkäuferinnen den Tränen nahe sind. Manchmal gehen wir ohne Schuhe nach Hause, oder wir nehmen sie nur, wenn man sie auch umtauschen kann. Manchmal greifen wir blindlings zu.
Und haben danach ein weiteres Paar unbrauchbare Schuhe im Schrank stehen.
Das ist kein ausgefallenes Problem, aber bei MBD-Kindern kommt

es noch häufiger vor als sonst. Diese Kinder haben nicht dasselbe Körpergefühl wie wir anderen. Sie wissen nicht, wo sie anfangen und wo sie aufhören, ob die Zehen genug Platz haben und ob die Schuhe an der Ferse zu eng oder zu weit sind.
Es sind die Kinder, bei denen die Mütze immer auf einem Ohr hängt und die fast regelmäßig erst mal versuchen, den linken Fuß in den rechten Stiefel zu zwängen. Oben bleibt ihnen ein Knopfloch übrig, und unten – unverbesserlich – ein Knopf. Das Hemd schaut bei ihnen hinten aus der Hose, und die Strümpfe rutschen.
Man tut gut daran, vor dem Aufbruch den Blick in den Spiegel nicht zu vergessen. Aber das Anziehen ist fast immer eine längere Prozedur als bei den Geschwistern und Freunden, und man gerät oft unter Zeitdruck.
Das Ergebnis sieht danach aus. Ein Grund mehr, von den anderen ausgelacht und abgestempelt zu werden.

Die meisten MBD-Kinder sollen hyperaktiv und fahrig sein. Verwickeln sich in den Vorhängen und schaffen es, überall zu gleicher Zeit zu sein und Unheil anzurichten.
Diese Veranlagung hat Sofia nicht. Aber sie kann ihre Umgebung auch so in einen chaotischen Zustand versetzen. Wo sie geht und steht, kommt es schnell zu einem Tohuwabohu, und ihr Zimmer ist meist in einem unbeschreiblichen Zustand.
Sie sammelt nämlich. Steine, Kaugummipapier, Stifte, Malkreiden, Blöcke und Hefte. Abziehbilder. Zeitungen. Zeichnungen. Und vor allem: Pferde.
Die Wände in ihrem Zimmer sind mit ausgeschnittenen Pferden gepflastert, dicht an dicht. Auf dem Boden liegen Stapel noch unausgeschnittener, ausrangierter oder auf einen freien Platz wartender Pferde. Im Bücherregal stehen Pferde, neunundzwanzig Stück, in allen Größen. Auf dem Bett liegen Pferde und andere Stofftiere.
Überall stehen Bücherstapel. Sofia hat ziemlich viele Bücher, teils geschenkt, teils von den Geschwistern geerbt. Außerdem ist sie eine eifrige Benutzerin mehrerer Bibliotheken zugleich. Ein oder zwei Bücher sind ihr nie genug, trotz guter Vorsätze. Denn es fällt ihr jedesmal wieder schwer, sich zu entscheiden.
Sie weigert sich, Sachen wegzuwerfen, und hält absolut nichts vom Aufräumen. Helfen läßt sie sich auch nicht, denn dann müßte sie mit gutem Grund um einen Großteil ihrer Kostbarkeiten fürchten.
Nicht selten seufzt sie über das Durcheinander in ihrem Zimmer. Bis sie eines schönen Tages genug davon hat und sich mit der ungeheuren Energie, die sie in alle ihre Aktivitäten steckt, ans Aufräumen macht. Und zwar erstaunlich effektiv.
Fremden gegenüber ist sie schüchtern und zurückhaltend. Dafür

hält sie sich zu Hause schadlos. Die Energie, die sie sich beim Herumtoben noch aufgespart hat, verwendet sie aufs Reden.

Es ist nicht immer leicht, ihren Gedankensprüngen zu folgen. Sofia fängt meistens mitten in der Geschichte an, die sie erzählen will, und ihre Zeit-, Orts- und Figurenangaben lassen das Ganze schon fast in ein Rätsel für Fortgeschrittene ausarten.

«Damals als sie da war und das gesagt hat, wo sind sie da hingegangen?»

Sie ärgert sich sehr, wenn man nicht auf der Stelle eine Antwort findet, und wiederholt ihre Frage unverändert, immer wieder und immer lauter. Oft falle ich bei ihr wegen meiner geistigen Schwerfälligkeit in Ungnade.

Aber manchmal mache ich es richtig, und zwar mit so angestrengtem Nachdenken, daß ich mich noch nach Jahren daran erinnere:

«Er hat gefragt, was am besten war, und ich hab gesagt, das vierte.»

????

Doch wir haben den ersten Schultag nach den Osterferien, und «er» ist natürlich der Lehrer, der sich nach dem schönsten Ferienerlebnis erkundigt hat. Aber das vierte? Mein Kopf raucht. Was hatte in den Osterferien mit einer Vier zu tun? Plötzlich fällt mir wieder ein, wie Sofia und ich am Bahnhof warten. Wir sind ganz aufgeregt, denn wir wollen ihre große Schwester abholen, die ihre Ferien mit einem Vetter in Stockholm verbracht und versprochen hat, ein Geschenk mitzubringen. Der Zug fährt auf Gleis vier ein.

Noch mal geschafft.

Sofias Unfähigkeit, Wichtiges von Unwichtigem zu unterscheiden, zeigt sich eben auch deutlich an ihrer Erzählweise. Sie beißt sich an einem Detail fest, das sie ständig wiederholt, und verliert dabei den Zusammenhang aus den Augen.

Sofia ist nicht der einzige gesprächige Mensch in unserem Haus, was manchmal zu ziemlich schlimmen Zusammenstößen führt, wenn alle auf einmal zu Wort kommen möchten. Nicht selten werden am Eßtisch mehrere Monologe parallel geführt, und einer immer nachdrücklicher und lauter als der andere.

Wenn Gesprächigkeit ein MBD-Symptom wäre, dann gäbe es in unserer Familie kaum einen ohne MBD.

Folglich kann Sofia nicht immer den Sieg davontragen. Darüber

ärgert sie sich dann ungemein. Wutentbrannt steht sie vom Tisch auf, verschwindet in ihr Zimmer und wirft die Tür hinter sich zu. Nach einer Weile hängt draußen ein Zettel.
KEIN DAF IM ZIMER KOMN steht darauf
oder
WEK AL DOFN NECHT HIR REIN
Von drinnen hört man oft ausgedehntes Papierrascheln.
Sofia zerreißt Papier, wenn sie wütend ist.
Sie ist selbst darauf gekommen, und es gehört nicht viel Tiefenpsychologie dazu, in diesem Zerreißen, Zerstören und Vernichten von Papier in unserem Haus einiges an Symbolik zu entdecken. In einem Haus, in dem sich sämtliche doofen, unerträglichen, verständnislosen und gemeinen Eltern damit abgeben, seitenweise ihre Wichtigkeiten zu Papier zu bringen; ob in Form von Linien, Strichen und Farben oder von Buchstaben.
Da haben wir es dann.

Aber Sofia schreibt sich auch ihre Wut und Enttäuschung vom Leib. Ich habe in meinem Leben nicht wenige böse Zettel bekommen, die mir mein absolutes Versagen als Mutter klargemacht haben. Sofia nimmt kein Blatt vor den Mund.
Einmal, als ich mit den Brüdern in Stockholm war, hatte Sofia sich ein Mitbringsel gewünscht. Ich kann mich nicht mehr erinnern, ob es ein lebendiges Pferd, ein Zwilling von ihr oder etwas ganz anderes sein sollte, aber auf keinen Fall so eine schwarzweißgestreifte Bommelmütze, wie die Brüder und ich sie passend zu ihrer Schuljacke ausgesucht hatten.
Die Jungen kommen vor mir nach Hause, weil ich erst noch ins Büro muß, und überreichen das Geschenk. In der Eingangstür wird mir sofort berichtet: Sofia ist furchtbar enttäuscht und rast vor Wut.
Ich mache ihre Tür einen Spaltbreit auf, aber das Zimmer ist leer; Sofia ist hinausgegangen. Auf ihrem Tisch finde ich einen Brief, der unmißverständlich an mich adressiert ist.
DOFE MAMA WARU HASTU BLOS NE MÜZE KAUFT FÖR MICH DOFE MAMA SCHEISMAMA steht darauf.
Ich lege den Brief zu meiner Sofiasammlung in der einen Schublade meines schwarzen Schreibtisches. In dem Augenblick kommt Sofia wieder; fröhlich, erhitzt, mit roten Backen fällt sie mir um den Hals, drückt und küßt mich und redet drauflos. Und bedankt sich für die Mütze; eine prima Mütze, dankeschön.
«Gefällt sie dir?» frage ich etwas skeptisch.
Ja, sie gefällt Sofia ganz gut, gleich morgen setzt sie sie auf dem Schulweg auf. Ihre Wut ist verraucht, und natürlich sprechen weder die Jungen noch ich sie darauf an.
Wochen später ziehe ich die Schublade in meinem schwarzen Schreibtisch auf. Sie ist leer. Es ist rein gar nichts darin.

Ich bin sprachlos. Wo sind all meine sorgfältig verwahrten Sofia-Dokumente hingekommen, die Zeichnungen, Briefzettel, Handarbeiten und kleinen Geschenke, die ich im Lauf der Jahre zusammengetragen habe?
Ich frage überall, aber keiner hat eine Ahnung. Niemand ist an meinem Schreibtisch gewesen.
Bis mein Blick zufällig auf Sofia fällt.
Sie sieht finster und verschlossen aus.
«Es war nicht dein Brief» ist alles, was sie sagt.
Sie hat den bösen Brief wegen der Mütze vernichtet. Und nicht bloß den Brief, sondern auch alles andere aus der Schublade. Ich erkläre und erzähle ihr, daß mir die Zettel besonders lieb waren, die sie mir gegeben hat, und daß ich sie aufheben wollte. Ob sie weiß, wo sie sind?
«Den Brief hab ich dir nicht gegeben», sagt sie. «Es war nicht dein Brief.»
Natürlich hat Sofia recht. Es war nicht mein Brief, sie hat ihn mir nicht geben wollen, sondern einfach ihrer Enttäuschung Luft machen müssen, damit wieder Platz für andere Gefühle da war. Ich hatte kein Recht auf diesen Brief und bin selbst schuld, daß er zusammen mit anderen, wirklich für mich bestimmten verlorengegangen ist.
Zum Glück bin ich keine methodische Kästen- und Mappensammlerin. Etliche Dinge hatte ich woanders aufbewahrt; also mußte nicht die ganze Sammlung dran glauben.
Aber das ist wahrhaftig nicht mein Verdienst.

Ein Zug an Sofia ist für ihre Umgebung lästiger als für sie selbst: ihre totale Unfähigkeit, sich zu beeilen. Sie hat kein Zeitgefühl und sieht nicht ein, weshalb sie etwas auf die Uhrzeit geben sollte. Bis auf weiteres kann sie die Uhr nicht lesen und hat auch keine Lust, es zu lernen.

Morgens legt sie eine besondere Gleichgültigkeit für die Vergänglichkeit der Zeit an den Tag. Sie kann sich mit einem eigenen Wecker sanft aus dem Schlaf befördern lassen. Aber den stellt sie ab.

Ich wecke sie eine Stunde und zwanzig Minuten, bevor das Schultaxi sie abholen kommt. In der Zwischenzeit muß sie sich anziehen, ihr Bett machen, frühstücken, ihre Schultasche nehmen und zur Tür hinausspazieren. Wenn das Taxi eintrifft, ist sie normalerweise noch nicht soweit.

Die erste halbe Stunde sitzt sie träumend auf dem Bett. Dann kommen langsam ihre Strümpfe an die Reihe, einer nach dem anderen, mit langen Pausen zwischendurch. Sie braucht einige Aufrufe zum Frühstück, das nicht ohne längere Denk- und Redepausen oder andere Unterbrechungen abgeht.

Wenn das Meerschweinchen Futter braucht, gibt sie es ihm in aller Seelenruhe, während das Taxi in unsere Straße einbiegt. Sie läßt sich Zeit, zu überlegen, ob sie ihre gewöhnliche oder eine selbstgenähte Schultasche mitnimmt und was für ein Buch sie zum Lesen in den Freistunden dabeihaben will. Für sie zurechtgelegte Handschuhe, Wollsocken und Mützen verschwinden auf mysteriöse Weise beim Anziehen, und andere Handschuhe oder eine andere Mütze läßt sie sich nicht aufschwatzen; es wird so lange gesucht, bis die Verschwundenen plötzlich im Meerschweinchenkäfig oder unter dem Küchentisch wieder auftauchen.

Für uns Eltern, die wir in einem langen Leben gelernt haben, Zeit

und insbesondere die Zeit anderer Leute zu respektieren, sind diese Morgenstunden eine schwere Prüfung. Sofias Vater verschanzt sich hinter der Zeitung; er will nichts hören, nichts sehen und mit der ganzen Sache nichts zu tun zu haben. Er sagt, es sei zu viel für ihn.
Ich versuche, vorsichtig zur Eile zu mahnen:
«Sofia, in einer Stunde kommt das Taxi, jetzt aber schnell anziehen!»
«Sofia, in einer guten halben Stunde ist das Taxi da; komm essen!»
«Sofia, in einer Viertelstunde kommt das Taxi; zieh die Stiefel an, und leg dir die Schultasche zurecht!»
«Sofia, das Taxi kommt um die Ecke, das Taxi ist da, jetzt mußt du gehen!»
«Sofia!»
Hoffnungslos.
Sie hat ihren eigenen Rhythmus. Meine Ermahnungen lösen nichts weiter als Wut aus. Trotzdem bemühe ich mich, locker, ganz nebenbei und gar nicht vorwurfsvoll die Feststellung zu machen, daß es immer später wird.
Sofia ist sich darüber im klaren, daß das Taxi auf sie wartet und erst dann losfährt, wenn sie auf dem Vordersitz Platz genommen und uns ihre königliche Abschiedsgeste zum Küchenfenster hinaufgewunken hat. Warum also diese Hektik?
So vieles nimmt ihre ungeteilte Aufmerksamkeit in Anspruch. Vor lauter Träumen kommt man nicht dazu, sich anzuziehen. Wenn man zuhört, kommt man nicht zum Essen. Oder wenn man selbst redet. Man kann nicht antworten, während man sich die Stiefel anzieht, oder überlegen, welches Buch man mitnimmt, und gleichzeitig das Meerschweinchen streicheln. Sofia kann unmöglich zwei Sachen zu gleicher Zeit machen. Da bleibt immer eine Tätigkeit auf der Strecke.
Ich weiß ja, wie gestresst und aufgerieben ich mich manchmal fühle, wenn ich von mir verlange, drei, vier Sachen zugleich zu erledigen, drei, vier Fragen von drei, vier Personen auf einmal zu beantworten und mich an tausend gleich wichtige Dinge zu erinnern. Vielleicht macht Sofia es ganz richtig, wenn sie sich nicht darauf einläßt, mehrere Sachen zugleich zu tun?
Manchmal beneide ich Sofia auch um ihre Fähigkeit, sich jedem

Zeitdruck zu entziehen. Was macht es schon, wenn ich zu einem Termin nicht fertig werde, den jemand anderes mir gesetzt hat? Irgendwann werde ich doch sowieso fertig, etwas später, wenn ich mehr Zeit habe …

Nur leider richtet sich unsere Gesellschaft nicht nach Sofias Tempo, sondern verlangt Anpassung von ihr. Oder sehe ich das zu einseitig?

Ich habe die Hoffnung, daß Sofias Interesse am Radio- und Fernsehprogramm sie dazu motiviert, freiwillig die Zeit zu beachten. Sie bezieht eine Menge Informationen aus dem Äther und erfährt als erste, ob der Papst verletzt wurde oder ein Gewitter im Anzug ist. Es gibt Sendungen, die sie nur ungern verpaßt.

Vielleicht klappt es ja noch mit der Zeit, so oder so.

Ich weiß nicht, ob Sofias Erfahrungen mit der Schule sich verallgemeinern lassen. Wahrscheinlich sind sie, wie ihr Leben sonst auch, ähnlich und zugleich anders als bei anderen MBD-Kindern.
Sofia nimmt seit der zweiten Klasse an einem Sonderunterricht teil. Viele Diskussionen sind diesem nicht ganz leichten Entschluß vorangegangen; wir Eltern konnten uns nicht einig werden. Ihre damalige Klassenlehrerin war der Ansicht, ein weiteres Jahr in derselben Klasse würde ihr nicht weiterhelfen; die Psychologin war für die Sonderschule, und der Psychiater war unentschieden.
Für mich war ausschlaggebend, Sofia ihre Leistungen nicht mit denen erfolgreicher Kinder in einer großen normalen Klasse vergleichen zu lassen. Die Sonderschule bestand aus weniger als zehn Schülern, von denen jeder in seinem eigenen Tempo arbeitete. Es herrschte eine gelöste Stimmung, und als ich einmal dort vorbeischaute, faßte ich sofort Vertrauen zu dem Lehrer.
In unserer Gemeinde ist die Sonderschule im selben Gebäude wie die Grund- und Aufbaustufe der Gesamtschule untergebracht. Die Sonderschule ist in Grund- und Aufbaustufe mit jeweils vier Klassen unter einem Lehrer in einem Klassenzimmer unterteilt. Laut Vorschrift dürfen die Klassen in dieser Art von Zwergschul-Unterricht nicht mehr als zehn Schüler haben.
Zehn Schüler auf vier verschiedenen Klassenstufen, mit bis zu fünf Jahren Altersunterschied und mit ungleichen Schwierigkeiten, Problemen und Verhaltensweisen. Und ein einziger Lehrer! Da es keine Nachhilfeklassen gibt, gehen auch die verhaltensgestörten Kinder in die Sonderschulklassen.
Ich kann mir nicht vorstellen, aus was für einem Stoff man beschaffen sein muß, um den Anforderungen einer solchen Situation gewachsen zu sein.

Sofia hat in ihren sechs Schuljahren auf der Sonderschule vier verschiedene Lehrer gehabt. Die alle ein ungeheures Interesse für ihre anspruchsvolle Aufgabe mitbrachten und sich oft auch noch in ihrer Freizeit mit den Kindern beschäftigt haben.
Und doch hat die Schule uns vor große Probleme der unterschiedlichsten Art gestellt.
Der Intelligenzquotient von MBD-Kindern soll dem der Normalbevölkerung entsprechen; das heißt, unter ihnen finden sich hochintelligente genauso wie unbegabte Kinder. Als Laie fragt man sich, ob es überhaupt einen Intelligenztest geben kann, der die gestörte Sinneswahrnehmung von MBD-Kindern berücksichtigt: ihre Probleme, Zusammenhänge herzustellen, Vorder- von Hintergrund zu unterscheiden, Abstände und Mengen einzuschätzen und zu erkennen, wo konkrete und auch abstrakte Grenzen liegen. Kann ein Intelligenztest wirklich von all dem absehen und außerdem auch noch von den Schwierigkeiten eines MBD-Kindes, sich in einer neuen und ungewohnten – oder warum nicht: alten und gewohnten – Umgebung zu konzentrieren? Würde der Test trotzdem zum richtigen Ergebnis kommen, was die Möglichkeit des Kindes betrifft, mit neuen, unerwarteten Situationen fertig zu werden und praktikable Lösungen zu finden?
Oder ist anzunehmen, daß die Wahrnehmungs- und Ausdrucksschwierigkeiten automatisch die Palette an Verhaltensmöglichkeiten eines Kindes reduzieren, so daß man mit einer Unterbewertung der Intelligenz dem tatsächlichen Verhaltensspielraum des Kindes in der Praxis näherkommt?
Ein Quotient auf dem Papier hat im wirklichen Leben schließlich nicht viel zu sagen. Aber bei der Wahl der Schulform kann er über die Zukunft entscheiden.
Da es in unserem Land noch keine Untersuchung über die Schullaufbahnen von MBD-Kindern gibt, kann man nicht wissen, wie viele die normale oder die Sonderschule besuchen. Es ist anzunehmen, daß die meisten zur gewöhnlichen Gesamtschule gehen, wo sie mit unterschiedlich großen Problemen konfrontiert werden, je nach gradueller Ausprägung der Behinderung, Größe der Klasse und nach Befähigung und Verständnis des Lehrers, nach seinem Engagement, Einfühlungsvermögen und Kräftehaushalt. Und seiner Geduld.
Einige MBD-Kinder werden wohl wegen ihres allzu abweichenden

und störenden Verhaltens in spezielle Klassen für verhaltensgestörte Kinder gekommen sein, falls solche vorhanden waren.
Als wir Sofias Schule aussuchen mußten, ist uns aufgefallen, wie unterschiedlich die Sonderschule beurteilt wird. Aus Mattby, dem größten Gesamtschulkomplex in unserem Stadtteil Esbo, wird offensichtlich nie ein Schüler auf die Sonderschule überwiesen. Im Schuljahr 1981/82 gehen von 1526 schwedischen Gesamtschülern aus Esbo achtzehn zur Sonderschule; davon kommt keiner aus Mattby, obwohl dort die Hälfte aller Schüler (766) versammelt ist. Warum? Alle Sonderschüler kommen aus einer der kleineren Schulen in der Gegend – fallen sie dort eher auf als in einer größeren Schule? Wenn Sofia in Mattby angefangen hätte, wäre sie also höchstwahrscheinlich heute noch da, in einer von vielen großen Parallelklassen mit jeweils bis zu zweiunddreißig Schülern ...
Es läßt sich nicht darüber hinwegsehen: ein Abgangszeugnis von der Sonderschule ist eine schlechte Voraussetzung für den Arbeitsmarkt. Aber was für Voraussetzungen hat man schon, wenn man die ganze Schulzeit über zu spüren bekommt, daß man sich mit allem viel schwerer tut als die anderen? Daß man nicht mitkommt, alles wiederholen muß und doch zurückbleibt?
«Die anderen sagen, ich kriege Erste Hilfe», hat Sofia eines Tages in ihrem ersten Schuljahr erzählt. «Warum sagen sie so was?»
Als Antwort bekam sie zu hören, die Sonderschule würde auch Hilfsschule genannt und sie ginge dorthin, weil sie da mehr Hilfe kriegt als in anderen Schulen.
«Das ist gut so», hat Sofia gesagt. «Ich brauch nämlich Hilfe.»
Es war das einzige Mal, daß Sofia diese Frage mit einem von uns besprochen hat.
Sie braucht wirklich Hilfe.
In Schweden gibt es einige spezielle Klassen für MBD-Kinder, oder es werden kleine Gruppen aus sechs Kindern mit unterschiedlichen Schwierigkeiten gebildet. Auch in einer kleinen Gruppe kann es lebhaft zugehen, wenn sie aus hyperaktiven MBD-Kindern besteht; daher ist man zu dem Schluß gekommen, besser keine zu großen Klassen zusammenzustellen.
In Finnland gibt es weder MBD-Klassen noch die Möglichkeit, mit anderen MBD-Kindern in einer kleinen Gruppe unterrichtet zu werden.

Der Mangel an Sonderschulen ist in Finnland groß. Sofias Lehrer hatten alle keine Ausbildung als Sonderschulpädagogen – was zum Glück nichts über den Grad an Einfühlungsvermögen und Enthusiasmus für den Beruf aussagt. Bisher erhalten nicht einmal Sonderschulpädagogen während ihrer Ausbildung einen fundierten Einblick in das MBD-Syndrom; normale Lehrer noch weniger. Laut Statistik werden sie aber mit mindestens einem Schüler mit MBD pro Klasse konfrontiert. Es muß etwas unternommen werden!

Da die MBD-Problematik bis vor kurzem im schulischen Bereich kaum wahrgenommen wurde, gibt es auch keine auf die speziellen Schwierigkeiten von MBD-Kindern zugeschnittenen Lehrmittel. Sie benützen dieselben Bücher und Übungshefte wie alle anderen.

Sofia hat das Alphabet gelernt, sie kann auf ihre Art schreiben; durchaus verständlich, wenn man genügend Phantasie und Geduld aufbringt. Sie kann Texte lesen, die nicht zu kompliziert und zu klein gedruckt sind. Die meisten Lesebücher mag sie nicht besonders, weil der Inhalt ihr nicht anspruchsvoll und spannend genug ist. Seit frühester Kindheit hat sie sich an Bücher beim Schlafengehen gewöhnt, und im Lauf der Jahre haben wir zusammen eine ganze Menge durchgelesen. Sofia umgibt sich auch jetzt noch mit Büchern, die sie zwar anfängt, aber selten zu Ende liest. Am liebsten leiht sie Tierbücher in der Schulbibliothek aus. Wenn sie eine Großdruck-Geschichte von Poe erwischen kann, in der die schaurigen Passagen nicht gekürzt sind, ist ihre Freude groß.

Rechtschreiben und Rechnen sind Sofias schwache Stellen, verständlicherweise. Wer einmal mit MBD-Kindern zu tun gehabt hat, weiß, daß ihr Gedächtnis anders als das anderer Leute arbeitet. Sie können sich nicht einfach erinnern, wieviel 2 mal 3 ist, sondern müssen es jedesmal von neuem ausrechnen. Und daß 3 mal 2 dasselbe ist, leuchtet ihnen auch nicht so ohne weiteres ein. Mit dem Übergang zwischen Zehnern tun sie sich schwer, ganz zu schweigen davon, wieviel Mühe es ihnen bereitet, Zahlen wie 201 und 2001 zu lesen und auseinanderzuhalten.

Wer «Ich hab mich für alleine gelesen» sagt und «Ich hab für mich alleine gelesen» meint, oder «Ich hab die Brennessel an mich verbrannt» statt «Ich hab mich an der Brennessel verbrannt», der kann auch nicht gut einsehen, daß 78 und 87 durchaus nicht die-

selben Zahlen sind. Oder daß der Nachbar Johansson heißt und nicht Josonhan; ein MBD-Kind macht da keinen Unterschied.
Solche Schwächen machen sich auch beim Erlernen von Fremdsprachen bemerkbar. Die finnischen Diphthonge, langen Vokale, Personalendungen und starken und schwachen Verben kann man durch das tägliche Leben in einer zweisprachigen Umgebung leicht mitbekommen. Aber das alles auch zur Zufriedenheit des Lehrers zu schreiben ist nicht so einfach. Und dann erst das Englische mit seiner unsäglichen Aneinanderreihung von Buchstaben ohne Sinn und Ordnung, von denen man manche aussprechen soll und andere reihenweise wieder nicht.
Sofia wird sich wohl nie mit der englischen Orthographie anfreunden.
Aber «Puh der Bär» hört sie gerne auf englisch im Radio, und mit wachsender Begeisterung hört sie sich Kassetten an, die wir von der staatlichen Lehrmittelzentrale bestellen. Die Handlung kennt sie schon, weil wir beide «Puh der Bär»-Bücher im Lauf der Jahre mehrmals auf schwedisch gelesen haben. Sofia hat «Puh» sehr viel mehr Englischkenntnisse zu verdanken als den Übungsbögen zu «Peter, Paul & Mary». Voller Optimismus hat sie ihre Kassetten in die Schule mitgenommen, um ihr Übungsheft dadurch zu ersetzen.
Sofia hat völlig recht, wenn sie das Lernen von Fremdsprachen durch Tonband und Sprachlabor dem durch Schreiben und Lesen vorzieht. Es sollte eine Selbstverständlichkeit sein, Sonderschulklassen die Hilfsmittel zugänglich zu machen, die mittlerweile vielerorts gar nicht als notwendige Voraussetzung, sondern als Ergänzung zum oder angenehme Abwechslung vom Unterricht benutzt werden.
Für andere Hilfsmittel gilt dasselbe. Für den Einkauf im Supermarkt hat Sofia einen Taschenrechner bekommen, mit dem sie leichter einschätzen kann, ob das Geld in ihrem Portemonnaie für die verschiedenen Waren im Einkaufskorb ausreicht. Sie hat die Erlaubnis bekommen, ihn auch in der Schule zu verwenden – worum ihre Klassenkameraden sie sehr beneiden. Natürlich sollte jeder Sonderschüler, dem das fürs Rechnen nötige abstrakte Denken schwerfällt, der Umgang mit einem Taschenrechner dagegen nicht, als Hilfsmittel oder auch als notwendige Alltagsausrüstung so einen Rechner bekommen.
In den Fächern der Gemeinschaftskunde benutzt Sofia dieselben

Lehrbücher wie «normale» Schüler; sie sind relativ klein gedruckt, mit umständlichem Satzbau und einem ganz unnötig schwierigen Wortschatz. Die Stunden in Gemeinschaftskunde bereiten uns immer wieder Sorgen. Wir haben uns auch hierfür um Kassetten bemüht oder um die Möglichkeit, jeden neuen Abschnitt in der Schule zur Vorbereitung auf die Fragen und den Unterrichtsstoff der nächsten Stunde auf Band einzuspielen.
Das ist weder besonders kompliziert noch allzu teuer. Sofia hat im Radio selbst die Information aufgeschnappt, die Jugendzeitschrift EOS erschiene jetzt in Form von Kassetten; die möchte sie haben. Es ist ein leichtes für sie, Informationen zu sammeln, solange sie nicht auf winzig klein Gedrucktes angewiesen ist.
Alle Kinder haben das Bedürfnis nach Abwechslung. Für MBD-Kinder ist sie eine Voraussetzung fürs Lernen. Dies ist mit ein Grund dafür, daß viele dünne, großformatige Lehrbücher für MBD-Kinder besser sind als dicke, die lange im Gebrauch bleiben. Erfahrene Lehrer raten zu einem Loseblattsystem, bei dem ein Blatt, das einem bösen Zufall oder auch nur einer schlechten Laune zum Opfer gefallen ist, ausgetauscht werden kann. Und wo Wörter eingesetzt werden müssen, sollten keine scharf umrandeten Kästchen oder klitzekleine Lücken vorgegeben sein, wenn man sich ein gutes Ergebnis erwartet.
In Sofias ersten Schuljahren auf der Sonderschule habe ich versucht, ihr bei den Hausaufgaben zu helfen, sie daran zu erinnern und abzuhören. Die Schule hatte mich dazu aufgefordert, mich um die Erledigung von Sofias Aufgaben zu kümmern.
Daraus ist ein ständiger Zankapfel zwischen uns erwachsen. Sofia hat mit Abneigung und Ausflüchten reagiert und damit, daß sie die Arbeit hinausschob. Und wenn ich mit einer Sache beschäftigt war, die absolut keine Unterbrechungen oder Pausen duldete, oder wenn ich mich einfach nicht ablenken lassen wollte, um mir ihre Aufgaben vorzunehmen, dann fand sie es garantiert an der Zeit, mit ihrer Arbeit anzufangen. Sie überließ mir die gesamte Verantwortung und setzte allen Ehrgeiz daran, sich zu drücken, wo es nur ging.
Ich habe zwar die Ausbildung einer Oberschullehrerin und eine gewisse Erfahrung im Unterrichten von der Mittelstufe bis zur Hochschulreife und Erwachsenenbildung. Aber als es darauf ankam, So-

fia das große Einmaleins, die Photosynthese oder den Punischen Krieg beizubringen, war ich mit meinem Latein am Ende.
Wir haben eine Menge Aggressionen gegeneinander aufgebaut. In meinen Augen hatte ich engelhafte Geduld und immer wieder die besten Einfälle beim Finden von Gedächtnisstützen. Aber Sofia hat meine Unfähigkeit und Ungeduld entlarvt, wie sehr ich mir auch Mühe gab und wie gerne ich ihr auch helfen wollte. Als ich meine Rettung bei den Orangen im Obstkorb suchte, um ihr die Finessen der Mathematik zu erläutern, bekam ich sie an den Kopf geschmissen. Als ich ihr Rechtschreibübungen diktierte, schrieb Sofia demonstrativ auf das Tischtuch oder zeichnete wütend Knäuel aus schwarzen Strichen in ihr Heft und ließ den Sch-Laut Sch-Laut sein.
Das Schlimmste, was wir mitgemacht haben, war wohl doch die Photosynthese. An zwei aufeinanderfolgenden Nachmittagen haben wir unser Äußerstes gegeben und sind an dem Tag, an dem Sofia über die Photosynthese geprüft werden sollte, eigens eine Stunde früher aufgestanden. In einem fort haben wir den Text hergebetet.
Aber wir sind durchgefallen. Die Prüfung wurde am nächsten Tag wiederholt.
Wir haben beide darüber geweint, und beim zweitenmal hat es tatsächlich geklappt, das heißt, Sofias Prüfungsergebnis wurde anerkannt, wie auch immer es ausgesehen haben mag. Aber heute können wir beide die merkwürdigen Ausdrücke nicht mehr, die wir uns damals mit solcher Mühe eingetrichtert haben.
Ich glaube, damit war der Punkt erreicht, an dem wir beide genug davon hatten. Uns wurde immer klarer, daß der Unterrichtsstoff schließlich Sache der Schule war. Mit dem, was die Schule Sofia in einer neunundzwanzigstündigen Arbeitswoche nicht beibringen konnte, wollten wir uns unsere Beziehung und die Zeit, die wir gemeinsam verbringen, nicht kaputtmachen lassen. Da ließen wir es lieber ganz dabei beruhen.
Auch ohne die leidigen Hausaufgaben bietet unser Leben reichlich Konfliktstoff. Nach dieser Entscheidung, von der ich glaube, daß wir sie ganz einmütig gefällt haben, ist es besser geworden. Wir haben uns seitdem strikt daran gehalten. Wenn Sofia sich helfen lassen will, sagt sie mir Bescheid, und ich tue mein Möglichstes. Aber die Initiative bleibt ganz ihr überlassen. Manchmal frage ich sie, ob sie an diesem Tag viele schwere Hausaufgaben hat, was sie

oft bestätigt. Und sich entschließt, die Arbeit nicht zu machen. Es ist ihre Sache, wenn sie unvorbereitet zur Schule gehen möchte und dafür einstehen kann.

Für diese Alternative entscheidet sie sich ziemlich oft. Leider.

An vier Tagen in der Woche ist sie von morgens acht Uhr bis nachmittags halb vier in der Schule, am letzten Tag bis halb drei. Meistens ist ihr nicht gut, und sie sieht blaß aus, wenn sie nach der zehn Kilometer langen Taxifahrt auf kurvenreicher Strecke zu Hause ankommt. Man sieht ihr an, daß sie müde ist; vielleicht zu müde zum Lernen.

Da kann man nur hoffen, daß sie an diesem Schultag genügend Anregungen und Wissen gesammelt hat und sie für den Rest des Tages andere Impulse aufnehmen kann.

Da MBD-Kinder so unterschiedlich sind, müssen natürlich individuelle Lösungen für ihre Schulprobleme gefunden werden. Es wäre wichtig, MBD als eine durchaus nicht vereinzelt auftretende Behinderung anzuerkennen, damit die Möglichkeit zum Lernen in ausreichend kleinen Gruppen mit Lehrmitteln, die auf die Bedürfnisse jedes einzelnen Kindes abgestimmt sind, geschaffen wird. MBD-Kinder zeichnen sich dadurch aus, daß sie an einem Tag anspruchsvolle Aufgaben erledigen, aber am nächsten völlig daran scheitern. Oder sie kommen mit komplizierten Übungen in einem Fach zurecht, während sie in einem anderen rein gar nichts verstehen. Nach Bedarf sollten sie da, wo es möglich ist, in eine normale Klasse überwechseln können und dazwischen in ihrem eigenen Tempo weiterlernen.

Erfahrene Lehrer beherrschen die Kunst, individuelle Lösungen und Tricks ausfindig zu machen. Diese Ideen müßten gesammelt und zum allgemeinen Nutzen weiterverbreitet werden. Am besten wäre es, wenn sich die einfallsreichsten Lehrer in einer Arbeitsgruppe zusammenfänden, die sich, finanziert durch die Schulbehörden, an eine gründliche Untersuchung von Lehrmitteln und Unterrichtsmethoden für MBD-Kinder machen könnte.

Wie so oft, wenn es um Behinderte geht, fehlen in erster Linie nicht die finanziellen Mittel, sondern die Energie, neue Problemlösungen zu erarbeiten, und der Mut, aus Fehlern zu lernen. Und vor allem: Phantasie.

Sofias Schwierigkeiten, von Gleichaltrigen akzeptiert zu werden, sind typisch für MBD-Kinder.
Ein MBD-Kind ist ein Mitspieler auf der Reservebank, der zuletzt und nur unter Vorbehalten ins Spiel einbezogen wird. Es wird nur dann angerufen oder abgeholt, wenn gerade niemand sonst bei der Hand ist.
Im Vorschulalter hatte Sofia ein paar Freunde aus der Nachbarschaft. Aber je älter sie wurden, desto weniger Zeit hatten sie für Sofia, desto weniger Lust, sie mitspielen zu lassen. Immer öfter hatten sie etwas anderes vor, wenn Sofia an ihren Türen läutete oder ihre Nummern wählte:
«Daß ... hallo, hier ist Sofia. Daß ... kommst du mit raus?»
Pause. Und dann ihre traurige Stimme:
«Na dann tschüs.»
Mit älteren Kindern, die Verständnis und Einsicht aufbrachten, war es einfacher. Aber die waren dünn gesät.
Am besten kommt sie mit Kindern aus, die mehrere Jahre jünger sind als sie. Mit einer vier, fünf Jahre jüngeren Freundin vom Reiten kann Sofia stundenlang herumgaloppieren oder mit ihren Lieblingspferden unter dem Schreibtisch Reitstall spielen.
Aber sie hält nicht allzulange durch; dann möchte sie sich zurückziehen und allein sein. Das ist für ein um Jahre jüngeres Kind ohne Behinderung oder Hemmungen nur schwer verständlich.
MBD-Kinder können verschiedene Tricks anwenden, um ihre Mißerfolge im Unterricht vor der Klasse wettzumachen. Zum Beispiel laut, lärmend und aggressiv die Aufmerksamkeit auf sich ziehen; oder den Clown spielen und sich dem Lehrer widersetzen, um der Klasse zu gefallen. Oder sie kaufen sich Freunde mit Süßigkeiten, Geschenken und großartigen Versprechen, die sie doch nicht halten

können. Sie haben auch die Möglichkeit, zu resignieren, sich zu ducken und in alles zu fügen, verspottet oder sogar als Außenseiter abgestempelt zu werden.
Sofia hat alle Varianten durchgespielt. Sie kann sich leicht in etwas hineinsteigern und hat in den ersten Sonderschuljahren ihrem schauspielerischen Talent freien Lauf gelassen. Zum Entzücken ihrer Klassenkameraden übertraf sie alle anderen darin, laut und schrill oder überhaupt nicht zu singen, den Tonfall und die Mimik des Lehrers nachzuäffen und freche Antworten zu geben. Aus dieser neuen Rolle hat sie soviel wie möglich herausgeholt.
Ihr erfahrener Lehrer hat sie in den Jahren durchschaut, und diese Phase dauerte nicht lange.
Danach kam die schlimmste Phase, die Sofia je durchgemacht hat.
Die tonangebende Gruppe in ihrer Klasse hat sie sich zum Opfer gewählt, und ein paar Schuljahre lang hat Sofia versucht, die anderen durch Bestechungen der unterschiedlichsten Art zufriedenzustellen. Die doch nie gut genug waren.
Was zur Folge hatte, daß sie geschnitten wurde.
«Mama, heute war so ein *glücklicher* Schultag. Ich brauchte überhaupt nicht allein zu sein. Und die anderen haben mit mir gesprochen.»
Was unbeliebte, links liegengelassene Kinder Stunde für Stunde, Tag für Tag, wochen-, monate- und jahrelang durchmachen müssen, das gehört zum Schlimmsten, was man einem Menschen antun kann. Es hinterläßt Spuren, die nie ganz auszulöschen sind.
Als erwachsener Beobachter steht man betroffen daneben und muß die Hände in den Schoß legen. Man tut, was man kann. Aber das ist viel zuwenig.
In unserem Fall hat sich die Lage einzig und allein durch Sofias Verhalten wieder normalisiert.
Sie hat sich kategorisch geweigert, zur Schule zu gehen, wenn an der Situation nicht etwas geändert würde. Und es trat immer offensichtlicher zu Tage, daß etwas geschehen mußte. Die Klasse hatte sich sofort neue Opfer gesucht, deren Eltern wiederum reagierten, und so kam es zu Versammlungen, Maßnahmen, Verlegungen und Schulwechseln.
Sofia wurde von ihren anderen Klassenkameraden, vom Klassen-

lehrer und vom Lehrerkollegium, vom Schuldirektor und von der Schulpsychologin unterstützt. Und zu Hause hatte sie die Hilfe von Eltern und Geschwistern, die hinter ihr standen.

Außerdem hat die kleine Schule für Patienten der Gesundheitsbehörde sie in diesen Wochen aufgenommen.

Bei Sofia ist es noch mal gutgegangen.

Aber wie viele MBD- und andere Kinder gibt es, denen Sofias Möglichkeiten nicht offenstehen?

«Das grose Bröder neter sint»
steht an erster Stelle auf Sofias Liste von den Dingen, die sie mag. Sie mag große Brüder, versteht sich. Aber die machen es ihr nicht immer leicht, und oft genug ist sie wütend und verzweifelt.
Aber Sofia macht es ihren Geschwistern auch nicht so leicht. Sie kennt deren Schwächen ganz genau und nützt dieses Wissen rückhaltlos aus. Sie ist ein ausgesprochener Zankteufel, zahlt ihnen alles Erdenkliche heim und nimmt es mit der Wahl von Zeitpunkt und Methode nicht immer so genau.
Ich glaube, daß es Sofias Geschwistern trotzdem leichtfällt, sie so zu akzeptieren, wie sie ist. Sie ist, wie wir auch, eben ganz sie selbst; wir mögen uns und verachten uns, halten uns aus und wünschen uns zum Kuckuck.
Anscheinend sind Ungerechtigkeiten der Eltern, die alle vier Geschwister nie ganz gleich behandeln können, am schwersten zu ertragen. Aus manchen Gründen bin meist ich es, die Fehler macht und das auch zu hören kriegt.
Es ist nicht leicht, an alle Geschwister dieselben Ansprüche zu stellen. Von großen Kindern erwartet und verlangt man mehr als von den kleinen. Man meint, die Großen müßten genügend Verständnis und Einsicht aufbringen. Am liebsten hätte man sie schon so weit, daß sie begreifen, warum man nicht alles selber schafft und überall zugleich sein kann und warum die Hilfsbedürftigen immer am meisten Zuwendung brauchen. Auch wenn die anderen dabei zu kurz kommen.
Wir haben über Sofias Behinderung geredet; ihre Geschwister haben die ganze Zeit über genauso viel oder wenig gewußt wie wir Eltern. Sie wissen genausogut wie wir, warum Sofia öfter ihr Essen verschüttet, warum sie immer wieder dasselbe erzählt, immer als

letzte fertig wird, wenn wir alle das Haus verlassen, und warum sie Fragen stellt, deren Antwort für uns selbstverständlich ist oder die wir alle nicht beantworten können – und dieselbe Frage einen Augenblick später wiederholt.

Trotzdem schaffen wir es alle nicht, immer ruhig zu bleiben.

Geschwister geraten dauernd aneinander; das ist unvermeidlich und trägt wohl auch zu ihrer Entwicklung bei. Manche werden leichter handgreiflich als andere. Als Jüngste von vieren hat man keine besonders gute Ausgangsposition in Streitigkeiten und Prügeleien. Wenn den großen starken Brüdern die Wut in den Kopf steigt, können oder wollen sie ihre Kräfte nicht mehr zügeln.

Bei solchen Gelegenheiten können Mütter ungerecht werden. Sie versuchen, einzugreifen, bevor von der Kleinen nur noch vereinzelte Krümel übrig sind. Ganz gleich, wer den Streit wann und warum angefangen hat.

Es ist ungeheuer schwer, mit Geschwisterkonflikten umzugehen; jedenfalls für Mütter. Wie man sich auch dreht und wendet, so wird man immer von einem (zwei, drei) Übervorteilten zutiefst gehaßt. Fehler macht man jedesmal. Vielleicht mache ich besonders viele Fehler, wenn ich mich mit Temperamenten herumschlagen muß, die so himmelweit von dem gedämpften Tonfall verschieden sind, in dem man mich erzogen hat.

Mit meinen Schlichtungsversuchen stürze ich mich dann mitten zwischen feuerspeiende Vulkane.

Wo sonst, wenn nicht hier müßten kluge Außenstehende her, die die Fäden entwirren und uns alle zur Einsicht bringen könnten, warum wir uns so und nicht anders verhalten und wie wir uns selbst verwirklichen können, ohne die anderen dabei zu verletzen. Wir müßten zu hören bekommen, daß der Fehler nicht nur bei uns liegt, die Verantwortungslast manchmal zu schwer ist und Schuldgefühle hier völlig fehl am Platze sind; obwohl wir alle zusammengehören und uns gegenseitig helfen und unterstützen, hat jeder das Recht auf ein Eigenleben. Wir brauchen Nähe, aber auch Luft zum Atmen.

Ich glaube, Sofia hat nie an der Liebe ihres Vaters zweifeln müssen. Die beiden hängen sehr aneinander. Sofia hat die Haltung und den Gang ihrer Großmutter väterlicherseits, deren lange Beine. Sie hat ihren Papa schon immer um den Finger wickeln können.
Ungeduld und Sarkasmen ihrer Geschwister hält sie erstaunlich gut aus; sie mißt gut gezielte Tritte unter dem Eßtisch ab, wehrt sich mit Händen und Füßen und einem durchaus nicht stubenreinen Wortschatz. Mit mir kennt sie kein Erbarmen.
Wenn ihr Papa unzufrieden mit ihr ist, zittert ihr das Kinn.
Sofia ist am liebsten künstlerisch tätig. Genau wie ihr Papa. Bei der Wahl ihres Hobbys verfällt sie auf den Jugendsport ihres Vaters, Reiten.
Sofias Vater hat keinen Augenblick an ihrer Begabung und ihrem Talent gezweifelt.
Seine größte Sorge ist, irgend jemand oder irgend etwas könnte ihre spezielle Begabung zerstören.

Wenn man eine bestimmte Ausdrucksweise gewöhnt ist, bedeutet das Zusammenleben mit einem MBD-Kind eine ständige Herausforderung.
Man lernt, sich jedes Wort genau zu überlegen und das, was man meint, ohne überflüssige oder indirekte Wendungen zu sagen. Sonst muß man alles wiederholen.
So etwa kann man sich zum Beispiel nicht ausdrücken:
«Warte mal, ein Bild mit einer Giraffe, ja, das findest du sicher in irgendeinem Buch, ich glaube, in meinem Regal. In diesem ‹Tierleben› muß auch etwas über Giraffen drin sein; im Bücherregal im Arbeitszimmer, so ziemlich in der Mitte, wenn mich nicht alles täuscht.»
«Wie bitte?» fragt Sofia da ganz zu Recht.
Schrittweise und möglichst mit Augenkontakt geht es entschieden besser: «Sofia, erinnerst du dich an das Buch mit den vielen Tierbildern, wo auf dem Buchdeckel eine Tigermutter mit ihren Jungen drauf ist?»
Ja, daran erinnert sie sich.
«Das Buch heißt ‹Tierleben›, und es steht im Bücherregel im Arbeitszimmer. Geh zum Schreibtisch, schau von da aus zum Regal und such genau auf dem mittleren Regalbrett. Direkt vor deiner Nase!»
Wenn wir dann Glück haben, findet Sofia das Buch. Erst dann ist es Zeit für den letzten Schritt:
«Wenn du an allen Tigern, Löwen und Affen vorbeiblätterst, kommen die Zebras und Antilopen. Und danach findest du das Bild von der Giraffe.»
Nur leider hat man selten so eine Ordnung, weder in Gedanken noch im Bücherregal ...

MBD ist – verglichen mit den meisten anderen Behinderungen – eine geringfügige Störung. Man kann sie zum Beispiel niemandem ansehen. Was den Kontakt mit der Umwelt nicht gerade erleichtert.

Ein acht-, neunjähriges Kind, das trotz seines völlig normalen Aussehens einen Schreianfall hat und sich absolut nicht auf einen bestimmten Platz im Bus setzen will, macht sich bei den anderen Passagieren unbeliebt. Es ist verständlich, daß eine Schuhverkäuferin irgendwann die Nase voll hat von einem Kunden, der sich partout nicht festlegen möchte, ob ihn die Schuhe drücken oder nicht. Daß ein Besuch, der sich freundlich eine Viertelstunde lang eine Geschichte ohne Anfang, Ende oder erkennbaren Zusammenhang bis in alle Einzelheiten angehört hat, das Gesprächsthema lieber wechseln würde, ist auch nicht weiter verwunderlich.

Viele Eltern von MBD-Kindern wissen von Problemen in ihrem Umgangskreis zu berichten, mit Nachbarn oder Verwandten, die annehmen, ein ganz normal aussehendes Kind würde sich schlecht benehmen, weil die Eltern es nicht zur Vernunft bringen können. Mit mehr oder weniger Recht glauben sie, die Eltern seien zu nachgiebig und würden den Weg des geringsten Widerstandes gehen.

Das trifft auch oft zu. Man ist nicht immer zu langwierigen Auseinandersetzungen bereit und vielleicht auch nicht darauf eingestellt, daß sich ein sonniges Gemüt blitzschnell ins Gegenteil verkehrt. Oder daß eine Sache, die noch gestern, vor einer Woche oder einer Stunde wunderbar geklappt hat, plötzlich überhaupt nicht mehr geht.

Zum Schwierigsten im Umgang mit MBD-Kindern gehört das Ausbalancieren zwischen Überforderung und Überbehütung. Man darf nichts verlangen, was den Spaß an der Sache und das Können im

Keim erstickt. Aber man sollte auch nicht bei jeder Gelegenheit zu Hilfe eilen; dadurch wird die Freude am selbständigen Tun zerstört und damit die Unabhängigkeit eines Kindes, das vielleicht viel zu selten wirkliche Erfolgserlebnisse hat.

Oft ist eine Ermahnung, eine Warnung oder ein schnelles Eingreifen nötig. Aber es kommt darauf an, wie man es macht.

Negativ und verurteilend, mit diesem «Hab ich es doch gleich gewußt das mußte ja wieder schiefgehen was kann man sich von dir schon anderes erwarten»-Tonfall. Oder ermunternd, aufbauend. Aber doch mit Vorsicht vor dem Umschlagen in einen penetrant patenten Stil, nach dem Motto «Ärmel aufkrempeln, zupacken». Überall lauern Gefahren.

Wenn man alle Sätze auf Band aufnehmen würde, die ein MBD-Kind im Lauf eines Tages zu hören bekommt, wären sicher lauter negative Aussagen darunter:

«Paß auf, Achtung, neineinein, langsam, Vorsicht, nicht so!»

Meistens wohl mit Fug und Recht. Aber es kann nicht schaden, dabei auf den Tonfall zu achten. Und fast immer gibt es auch etwas Positives zu loben:

«Sieh mal, wie viele Wörter du immerhin richtig geschrieben hast, auch wenn du jetzt im Rechtschreiben durchgefallen bist!»

In dem Herbst, in dem Sofia die Vorschule besucht und mit uns im Auto in die Stadt fährt, jammert sie oft leise vor sich hin, sobald wir in den schönen Strandweg in Mejlans einbiegen. Zu beiden Seiten der schmalen, ziemlich kurvenreichen Straße stehen stattlich hohe Ahornbäume.

«Mir wird schlecht», flüstert Sofia und wird immer blasser.

Ihr Vater fährt so vorsichtig wie möglich.

«Denk an etwas anderes, dann geht es vorbei», sagt er und schaltet das Autoradio ein.

Da jammert Sofia lauter, und an meinem Platz neben ihr kann ich sehen, wie weiß ihr Gesicht wird.

Als ich klein war, ist mir im Auto auch oft schlecht geworden, und ich weiß noch, wie schwer es mir durch alle Ablenkungsversuche gemacht wurde, mich ganz auf das innere und äußere Gleichgewicht zu konzentrieren, die Kurven mitzuverfolgen, und so ruhig zu werden, daß nichts mehr in mir hin und her schwappte. Ich bitte ihn, die Musik abzustellen. Aber dazu haben weder er noch die Brüder Lust, und die Stimmung im Auto sinkt auf den Nullpunkt.

Meistens halten wir durch. Aber es ist kein Kinderspiel.

Es dauert ziemlich lange, bis Sofia uns einen Hinweis geben kann.

«Es ist wegen den Farben da», sagt sie. «Die kreischen so schlimm. Ich kann das Knallgelb und das Orange nicht sehen.»

Die Ahornbäume leuchten wirklich in einer grellen Farbenpracht; wir fahren in einen rot-orange-gelben Tunnel ein, in einen schmalen, gewundenen orangegelben Tunnel.

Plötzlich fällt mir ein, wie Sofia sich manchmal die Hand vor die Augen hält, wenn sie zur Küchengardine hinsieht. Die mit einem Muster aus gelben und orangen Apfelsinen bedruckt ist. Ich erin-

nere mich, wie sie damals ein paar Farben aus ihrem neuen Malkasten weit von sich geworfen hat. «Die will ich nicht sehen», hat sie gesagt und sie in alle Himmelsrichtungen geschmissen, obwohl sie sich so über die neuen Farben gefreut hatte.
Die gelben und orangen Nuancen hat sie weggeworfen.
Als ich sie frage, weiß sie ganz genau, was sich abspielt.
«Ich kann Gelb und Orange nicht sehen, weißt du», sagt sie. «Da wird mir schlecht.»
Wir nehmen einen anderen Weg in die Stadt; da geht es viel besser. Bis die Ahornbäume ihre Blätter verloren haben. Wir hängen neue Küchengardinen in Braun, Schwarz und Weiß auf. Sofia seufzt erleichtert auf. Und sie hat doch tatsächlich eine gelbe Wand in ihrem Zimmer! Sie darf sich eine neue Farbe aussuchen, und wir streichen ihr Zimmer auf der Stelle tiefblau.
Man kann sich nur schwer vorstellen, wie sich eine Störung des zentralen Nervensystems auf die Wahrnehmung der Umwelt auswirkt. Die Sinneseindrücke überfallen einen als wirre Masse, chaotisch, intensiv, eindringlich und unsortiert. Man kann kaum Regelmäßigkeiten und Strukturen ausmachen oder seine Wahrnehmungen deuten und so darauf reagieren, wie es von einem erwartet wird. Was andere als Nebensache auffassen, leise, weit entfernte Geräusche oder kaum wahrnehmbare Gerüche, kann für jemanden mit niedriger Reizschwelle eine Plage sein. Auch Farben können ein Störfaktor sein, wenn sie sich grell und knallig aufdrängen, sich nicht abschütteln lassen. Dagegen muß man sich wehren und sich abschirmen, so gut es geht.
Das Autofahren auf einer Landstraße bei intensivem Sonnenlicht, das zwischen geraden Kiefernstämmen durchscheint, wird zur Qual. Auf einem Gitterrost mit Längsstäben oder auf Brücken mit Querbalken mit schmalen Zwischenräumen kann man kaum gehen; auf Treppenstufen, zwischen denen man nach unten sehen kann, wird einem schwindlig und schlecht. Zebrastreifen kann man nicht lange ansehen, ohne daß sie einem vor den Augen flimmern.
Wenn Sofia gefragt wird, stellt sie immer jegliche Radiomusik ab. Parfum und Aftershave verträgt sie nicht gut in ihrer Nähe. Wenn wir im selben Zimmer schlafen, kommen keine brennenden Leselampen in Frage, und der schmalste Lichtspalt zwischen Rollo und Fensterbrett muß weg, bevor sie einschlafen kann.

Mit manchen Sachen lernt man umzugehen oder sie zu vermeiden; mit anderen muß man sich abfinden. Je bewußter einem seine besonderen Probleme werden, desto besser geht es.
Und mit der Zeit wächst sich vieles aus.

Ein Freund von mir in Schweden kennt zwar Sofia nicht, aber er kennt meine Darstellung unserer gemeinsamen Kämpfe mit den Tücken des Daseins. Er hat eine einleuchtende Erklärung parat: «Vergiß doch diese KPD/ML oder wie die Abkürzung heißt, die du dem Kind anheftest. Sie ist in eine unmögliche Situation hineingeboren worden und macht das Beste daraus, indem sie sich als unreifer, von Hilfeleistungen abhängiger Spätentwickler verhält. Das ist ihre Methode, sich Gehör zu verschaffen. Das Problem liegt auf der psychischen Ebene, und nur da kann man es angehen.»

Darüber habe ich lange nachgedacht.

Bei jedem MBD-Kind, das ein paar Jahre zur Schule gegangen ist, würden Fachleute mit größter Wahrscheinlichkeit eine Flut von Symptomen psychischer Probleme entdecken – Unsicherheit, Schüchternheit, Nachgiebigkeit, Verschlossenheit, Angeberei, Prahlsucht, Unruhe und mangelnde Konzentration, kindisches Benehmen, fehlende Vorsicht, eine Tendenz, sich in Gefahr zu begeben, und viele andere Züge, die sich bei psychisch stabilen Gleichaltrigen nicht in dem Maße zeigen.

Die Frage ist bloß, was Ursache und was Wirkung ist.

Deshalb ist es auch so wichtig, MBD-Kinder aufzufangen, bevor sich der für die Schulzeit vieler von ihnen so typische Teufelskreis aus Versagen und Benachteiligung in Gang setzt. Selbstverständlich steht ihnen ein gleiches Quantum an Erfolgserlebnissen zu sowie die Versicherung, daß sie als Person akzeptiert werden, ohne sich verkriechen oder den Clown spielen zu müssen.

Sobald die Diagnose feststeht – aus verschiedenen Gründen wäre das etwa im Alter von fünf Jahren am günstigsten –, sollte Therapie für das Kind und für die Familie eine Selbstverständlichkeit sein. Mütter und Väter brauchen die Möglichkeit, sich mit anderen El-

tern zusammenzusetzen, Geschwister möchten sich aussprechen, und alle miteinander haben Hilfe und Kontakte auch zu außenstehenden Fachleuten nötig. Das ist in unserem Land durchaus noch nicht üblich.
Was getan wird, geschieht ganz auf freiwilliger Basis, auf Initiative der Eltern hin, und oft nach vielen langen Irrwegen, bis man die Situation erkennt und einen Kunst-, Musik- oder Psychotherapeuten findet, der in erreichbarer Nähe und bezahlbar ist.
Wenn man Eltern trifft, die mit denselben Problemen zu kämpfen haben, ist die Freude ausgesprochen groß. Auf einmal rücken Fortschritte wieder in den Bereich des möglichen. Man kann seine Erfahrungen vergleichen und sich seine einfallsreichen, raffinierten Lösungen mitteilen. Gemeinsam fallen einem bessere Auswege ein.
Ein Kinderarzt seufzte, als er sich Vorschläge zur Informationsvermittlung über die MBD-Problematik an Berufsgruppen in Schlüsselpositionen anhörte – Sozialarbeiter, Pfleger, Lehrer und Pädagogen:
«Das ist natürlich ein Problem. Aber die Kinder von Eltern, die Fragen stellen, sich beraten lassen und Aufklärungs- und Forschungsarbeit fordern, haben sowieso eine ganz andere Ausgangsposition. Sie bekommen zu Hause Hilfe und Unterstützung. Was glaubt ihr, wie die Dinge bei Kindern liegen, deren Eltern einfach nicht wahrhaben wollen, daß ihr Kind behindert ist? Und die sind leider eindeutig in der Mehrzahl ...»
Zumindest hier teile ich ganz die Ansicht meines schwedischen Freundes. Da liegen die Probleme von Anfang an auf der psychischen Ebene. Und zu allem Überfluß wird diesen Fällen auch noch eine Abkürzung angeheftet.

Die Lehrerin einer Klasse von sechs behinderten Kindern in Schweden erzählt vom familiären Hintergrund ihrer Schüler:
«Alle sechs haben alleinstehende Mütter. Die Eltern waren entweder nicht verheiratet und sind nicht zusammengezogen. Oder sie haben sich getrennt oder scheiden lassen.»
Es ist statistisch erwiesen, daß Scheidungen in Familien mit behindertem Kind häufiger als sonst vorkommen.
Bestenfalls schweißt einen die anspruchsvolle und schwere, aber auch mit Freude und Erfolg gekrönte Aufgabe zusammen. Andernfalls treten Uneinigkeiten und Konflikte deutlicher hervor, sind schwerer zu bewältigen.
Auch ein geringfügig behindertes Kind zwingt einen dazu, sich selbst auf den Grund zu gehen; Ausflüchte funktionieren nicht mehr.
Das fällt manchen schwerer als anderen.
Nicht selten werden behinderte Kinder Mutterkinder.

«Außerdem kann man im Zusammenhang mit diesen Minusvarianten feststellen ...»

Wir, eine Reihe von Eltern mit MBD-Kindern, lauschen dem sachlichen, verständlichen und wohlmeinenden Vortrag eines geschätzten Arztes.

Aber Minusvarianten? Unsere Kinder?

Ich verstehe sehr wohl, daß dies ein medizinischer Fachausdruck ist, dessen wertneutrale Bedeutung mir klar vor Augen steht.

Aber wir wollen ihn trotzdem nicht hören!

Für uns sind unsere Kinder Plus-Plus-Plus-Varianten. Wobei wir Hilfe brauchen, ist, sie zu Plusvarianten für sich selbst werden zu lassen; und für die Gesellschaft.

«Ich weiß nicht, was ich machen soll!»

Sofia kann sich meistens ganz gut selbst beschäftigen. Sie malt und zeichnet, schneidet Bilder aus und töpfert, hört Radio und Kassetten, sieht fern, spielt mit dem Hund und liest ihre ausgeliehenen Bücher. Bastelt ein Puppenhaus und Möbel dazu. Stellt ihre zweiunddreißig Pferde in neuen Formationen auf. Liegt auf dem Bett und träumt in den Tag hinein.

Aber es kommt vor, daß sie einen Vorschlag von mir erwartet. Dabei wissen wir beide: ganz gleich, was mir einfällt – sie ist dagegen.

Sofia ist sehr oft dagegen. Vor allen Dingen ist sie gegen mich.

Ich denke ziemlich viel über diese Ablehnung nach. Vielleicht will sie etwas ganz anderes, als was sie sagt, denke ich mir. Sie erwartet nicht von mir, daß ich ihr all das Übliche vorschlage, das sie immer macht und das ihr von alleine einfällt. Sondern daß ich ihr zeige, wie sehr ich mich um sie kümmere und wie gerne ich mit ihr zusammen bin.

Ich schlage einen Spaziergang am Strand vor.

Nein, das nicht.

Wollen wir vielleicht zusammen ein Buch lesen? Uns «Puh» anhören, oder «Elvis»?

Nein, die hat sie schon zigmal gehört.

Dann vielleicht Staub wischen und aufräumen? Ihre langen Haare bürsten und Zöpfe flechten? Haferplätzchen packen? Eis mit heißen Himbeeren aus der Gefriertruhe essen?

Nein. Das auch nicht. Und auch nicht bei Kerzenschein zusammensitzen, Platten hören und uns ein wenig unterhalten.

Ganz schön bescheuert bin ich, daß mir bloß so blöde Sachen einfallen.

Sie fängt mit dem Hund Tiger eine wilde Hetzjagd über Stühle und

Tische an; wüstes Schimpfen und großer Lärm sind zu hören. Bis sie genug davon hat und mit der Haarbürste in der Hand ankommt: jetzt findet sie es an der Zeit, sich die Haare bürsten und flechten zu lassen.
Sofia ist ganz besonders gegen solche Sachen, die ich wichtig und nützlich finde. Ihre Maltherapie am Dienstagnachmittag lehnt sie konsequent ab.
Trotzdem liebt Sofia ihre Maltherapie. Wenn ich sie dort abhole, ist sie genauso glücklich wie nach ihrer Reitstunde.
Am nächsten Dienstag weigert sie sich so hartnäckig wie immer. Nein, heute hat sie keine Lust. Sie ist müde. Sie will nicht. Es macht ihr keinen Spaß; heute bleibt sie zu Hause.
«Gut», sage ich dann. «Ruf Aija an und melde dich ab.»
«Mal sehn», meint Sofia.
Danach verliert sie kein Wort mehr darüber. Wir können losfahren.
Manchmal darf sie mit Ton und Gips arbeiten und sieht von Kopf bis Fuß wie eine Gipsfigur aus, wenn sie fertig ist. Deshalb habe ich ihr einen finnischen Kittel mit zahllosen bunten Taschen gekauft, den sie bei Aija tragen kann.
Aber den wollte sie nicht. Ich sollte ihn doch selber behalten. Oder zurückbringen; oder verkaufen. Und nicht mal ein Gürtel war dran.
«Gut, dann leg ihn wieder in die Tüte, und ich bringe ihn morgen zurück», sage ich.
Sofia verschwindet.
Nach einer Weile kommt sie in dem Kittel wieder, fröhlich und gut aufgelegt. Um die Taille trägt sie einen Gürtel, den sie einmal aus Kordeln selbst gemacht hat. Und die Taschen hat sie gezählt; da ist ja sogar hinten eine drauf! Welche Farbe mir an den vielen bunten Taschen am besten gefällt?
«Die da», sage ich und zeige auf ein sattes Schockrosa in Brusthöhe. Und vergesse, mich rechtzeitig zu bremsen:
«Die Große hat eine Strumpfhose genau in der Farbe, die hat sie letztes Wochenende hiergelassen; möchtest du sie zum Kittel ausleihen?»
Da sagt Sofia nein.
Und dann müssen wir los.

Unterwegs grüble ich über dieses «Nein» nach, Sofias ständige Antwort. Vielleicht habe ich ihre Bedürfnisse so oft mit einem NEIN abgetan, daß sie es jetzt wirklich an der Zeit findet, mir das heimzuzahlen?
Vielleicht geht es auch gar nicht um die Maltherapie oder um Kittel und Strümpfe, sondern um das Bedürfnis, selbst zu bestimmen, wohin sie geht und was sie dabei anhat. Wann sie gehen will und ob sie überhaupt geht.
Um die lebensnotwendige Lösung aus einer Abhängigkeit, die für uns beide durch Sofias Behinderung ganz besonders kompliziert ist.

«Warum hab ich immer so Probleme? Warum kriege ich Anfälle?»
Diese Fragen sind im Laufe der Zeit immer wieder aufgetaucht, und ich habe versucht, sie so gut wie möglich zu beantworten.
Anfangs mit der Erklärung vom Virus, der bei mir so etwas wie einen Schnupfen ausgelöst hat, als Sofia erst so groß wie eine Erbse in meinem Bauch war und gerade mit dem Wachsen angefangen hatte. Weil sie damals so schutzlos war, hat der Virus den Punkt, der später ihr Gehirn wurde, verletzen können, und an der Stelle ist noch eine Narbe. Genau an der Stelle, die sie manchmal brauchen würde, wenn sie lesen oder schreiben oder ihre Schuhe zubinden muß. Im Gehirn hat sie andere, gesunde Stellen, die sie statt dessen benützen kann, aber es dauert ein wenig länger, und sie muß etwas mehr als andere üben.
Wegen dieser Narbe kommt es auch manchmal zu einem ganz kleinen Ausfall in ihrem Gehirn, wobei sie weder hört noch sieht, noch weiß, was um sie her passiert. Das ist dann ein epileptischer Anfall.
In den ersten Schuljahren hat Sofia anscheinend weder an ihrer Behinderung noch an der Epilepsie wirklich Anstoß genommen.
«Heute bin ich im Sport auf einmal ganz schwer geworden, weißt du, und dann bin ich direkt auf die Wand zugefallen. Aber die anderen haben mich aufgefangen und auf den Boden gesetzt. Und dann war es wieder vorbei.»
Oder:
«Mitten in der Reitstunde hab ich ganz laut etwas Plumpsen hören. Und dann hab ich unten auf dem Boden im Sand gesessen. Da war ich schon heruntergeplumpst, aber das hab ich erst hinterher gemerkt.»

Je älter Sofia wird, desto schwieriger werden die Antworten. Denn inzwischen geht es ihr nicht mehr um handfeste Ursachen und Erklärungen. Sie will wie alle Jugendlichen wissen, wer sie ist, wie ihr Leben aussehen wird, wie sie mit ihrer Unsicherheit und all ihren Schwierigkeiten zu Rande kommen soll.

Warum muß ausgerechnet sie davon betroffen sein?

Manchmal ist sie wütend; manchmal verzweifelt, traurig. Warum ich, warum gerade ich?

Wieder dieselben Fragen.

Und immer noch keine Antworten.

Solange Sofia mit ihren Fragen nicht allein sein muß, solange sie ihre Gefühle in Bildern und Plastiken, durch wildes Herumtoben oder durch wütende und traurige Wörter *ausdrücken* kann, wird sie es auf jeden Fall weiter schaffen.

Und sie macht ständig Fortschritte, lernt immer mehr und holt sogar manche Fertigkeiten gleichaltriger Kinder auf.

Anderes macht sie auf ihre einzigartige Weise, so einzigartig, wie sie eben schon immer gewesen ist.

Seine Diagnose zu bekommen ist eine Sache.
Danach weiterzukommen eine andere.
Voller Erleichterung stellt man fest, endlich festen Boden unter den Füßen zu haben. Jetzt wird man ja wohl erfahren, was man machen kann, um seinem Kind zu einem sinnvollen Dasein zu verhelfen.
Aber das ist nicht der Fall, jedenfalls nicht bei uns.
Fragezeichen stellen sich weiterhin zuhauf.
Es gibt keine Mittel zur Behandlung vom MBD-Kindern, keine Beschäftigungs-, Musik- oder Kunsttherapie, keinen, der sich um die Familien kümmern, Kontakte herstellen und bei kleinen und großen Problemen helfen kann. Es gibt keine Lehrerausbildung, die auf MBD-Kinder und ihre Schwierigkeiten Rücksicht nimmt, keine auf sie zugeschnittenen Lehrmittel. In Finnland sind keine persönlichen Berater für MBD-Kinder vorgesehen, die verfahrene Situationen in der Klasse und auf dem Schulhof klären könnten; unsere Bestimmungen erlauben keine Unterrichtseinheiten von höchstens sechs Schülern, die es einem Lehrer ermöglichen, sich ganz anders als in großen Klassen oder aus unterschiedlichen Altersstufen zusammengelegten Unterrichtsgruppen individuell um jedes Kind zu kümmern.
Wir haben keine Freizeitangebote für MBD-Kinder, die ihnen Freunde und eine sinnvolle, nach ihren Fähigkeiten ausgerichtete Beschäftigung verschaffen könnten.
Wenn MBD-Kinder größer werden, stellen sich neue Probleme ein.
In der Pubertät, wenn das Verhältnis von Abhängigkeit und Selbständigkeit in den Vordergrund tritt.
In der Zeit nach der Unterrichtspflicht: Berufsausbildung und Berufswahl, Versorgungsmöglichkeiten.

Das Leben als Erwachsener.
Das Selbstwertgefühl, mit dem bei uns alles anfängt und aufhört.
Unsere Möglichkeiten zur Selbstfindung.

Sofia ist sich selbst treu, mehr als andere.
Sie ist nicht nur die Zornigste in unserer Familie, sondern auch die Fröhlichste. An allem, was uns zustößt, kann sie besser als wir anderen auch die guten Seiten entdecken.
Es ist viele Jahre her, daß unser Boxer Tarzan eingeschläfert werden mußte; erst viereinhalb Jahre alt, munter, stark und schön. Seine Augennerven waren degeneriert, und eines Tages wurde bei ihm völlige Blindheit festgestellt; seine Lebhaftigkeit wurde eine Gefahr für die Umwelt. Das war für uns alle schwer.
Jeder reagiert anders auf Tarzans Verschwinden.
Sofia liegt bei zugezogenen Vorhängen in ihrem Zimmer und heult ins Kissen. Sieht schniefend zu mir hoch und sagt: «An den Rasen müssen wir denken, Mama, jetzt dürfen wir bloß noch an den Rasen denken – stell dir vor, wie schön der jetzt wächst, wo Tarzan ihn nicht mehr andauernd umgräbt! Da müssen wir jetzt dran denken ...»
Wenn Sofia nicht ganz gesund ist, zweifelt sie nie daran, daß es ihr bald wieder bessergeht; gleich ist alles vorbei, und morgen sieht die Welt schon anders aus. Die neue Medizin hilft ihr ganz bestimmt, weniger Epilepsieanfälle zu kriegen. Wenn sie erst mal älter ist, hört es sowieso ganz auf, und mit der Zeit werden ihre Schwierigkeiten schon nachlassen.
Sie ist überzeugt davon, irgendwann Freunde finden zu können.
Sie kennt viele Tricks, mit denen sie den Alltag leichter bewältigt. Sie selbst ist auf die Idee gekommen, sich in den Reitstunden einen bunten Faden um das linke Handgelenk zu binden, damit sie zwischen links und rechts unterscheiden kann. Oft genug fällt sie vom Pferd, aber eigentlich kaum öfter als die anderen Reiter. Manchmal fällt sie wegen einem epileptischen Anfall herunter, aber meistens doch dann, wenn das Pferd bockig wird.

Bisher ist Sofia nach ihren Purzelbäumen noch immer wieder in den Sattel geklettert.
«Ich war ziemlich wacklig auf den Beinen, aber ich wollte trotzdem weitermachen», erzählt sie hinterher mir, die ich als Augenzeugin am Rande der Reitbahn wohl viel mehr Ängste ausstehe.
Sie möchte ein Elternteil – meistens mich – dabeihaben, auch wenn sie meine gräßliche Angst vor Pferden kennt; wenn es wirklich darauf ankäme, wäre doch nichts mit mir anzufangen.
Aber wahrscheinlich stehe ich auch nicht da, um im Notfall einzugreifen. Sondern um zu sehen, wie gut Sofia reiten kann, und um die stolzen Blicke entgegenzunehmen, wenn ihr die Übung «Schenkelweichen» oder ein kurzer Galopp gelungen ist.
Als Sofia acht Jahre alt war, hat sie sich selbst für das Reiten als ihre Sportart entschieden. Damit hat sie sich instinktiv ein Hobby ausgesucht, das ihre Persönlichkeit und Willensstärke, ihr Koordinations- und Anpassungsvermögen, ihre Initiativkraft und ihr Körpergefühl besonders gut fördert. Seit vielen Jahren reitet sie zweimal wöchentlich und lernt immer mehr dazu.
Sofia hatte schon immer ein intensives Gefühlsleben, und ihre Pferdeliebe kennt keine Grenzen.
Glücklich kommt sie von einem Reiturlaub für Behinderte wieder, dem ersten ihres Lebens. Es ist gutgegangen, sie hat sich wohl gefühlt und schreibt einen begeisterten Dankesbrief an ihren Reitlehrer; sie hat keinen einzigen epileptischen Anfall bekommen, obwohl sie an den letzten beiden Tage nahe daran war, weil sie sich sehr angestrengt hat. Kurz danach bekomme ich einen Anruf von einer Organisatorin des Behindertenvereins, die Sofias Teilnahme am skandinavischen Reitturnier für Behinderte im nächsten Sommer vorschlägt.
«Wenn die Bestimmungen Sofia nur nicht von der Teilnahme ausschließen», sagt sie. «Sie hat ja so eine geringfügige Behinderung.»
Natürlich hat die Organisatorin völlig recht; verglichen mit Augen- und Gehörschäden, mit Bewegungsstörungen oder spastischer Lähmung *hat* Sofia eine geringfügige Behinderung. Trotzdem halte ich mir selbst, im Zimmer auf- und abgehend, lange Vorträge, die ich aufschreiben und den Veranstaltern schicken werde, damit sie ihre Bestimmungen bis zum nächstenmal ändern. Wenn Behinderte wie Sofia wirklich nicht teilnehmen dürfen.
Die Behinderung ist geringfügig, habe ich vor zu schreiben. Aber die

Folgen sind weder geringfügig noch leicht. Wer MBD nicht als Behinderung anerkennt, weiß nicht, was sie bedeutet.
Ich brauche gar nichts aufzuschreiben, weil mich die Organisatorin nach wenigen Tagen wieder anruft. Sie hat sich die Bestimmungen genau durchgelesen und ist zu dem Schluß gekommen, nichts und niemand könne Sofia davon abhalten, unter der Rubrik «andere Behinderungen» zu starten.
Hurra!
Sofia strahlt. Ich habe den Eindruck, daß sie um ein paar Zentimeter wächst; ihre Haare leuchten in einem kräftigeren Rot, und sie springt fast an die Decke. Und redet und schmiedet Pläne.
«Ich warte bloß noch drauf, daß ich den Grand Prix kriege!»
Ich möchte ihren Übermut dämpfen, etwa: Jetzt warten wir erst mal ab, vor allem mußt du trainieren und dich ranhalten, und die Hauptsache ist schließlich dabeizusein; aufs Gewinnen kommt es nicht so an. Aber meine Vernunft dringt nicht durch, und ich verkneife mir jeden weiteren Versuch.
Warum soll sie nicht jeden Tag bis zum nächsten Sommer schlafend und wachend ihren Grand Prix entgegennehmen, denke ich mir.
Sofia wird einmal Reitlehrerin, wenn sie groß ist.
Eine malende Reitlehrerin. Oder eine reitende Künstlerin.

wovor ich Angst hab
ich hab Angst wenn ein Gewitter ist und
(es) wird dunkel mittendrin (ich) hab Angst vor Spinnen
und Würmern ich hab Angst allein zu Hause zu bleiben
oder daß die Welt (die Erde) untergeht oder (vor einem)
Krieg
oder Angst vor dem Tod oder Fremde zu besuchen
die man nicht kennt oder daß (ich) vom Pferd falle(n)
und einen Anfall kriege ich krieg Angst wenn im Fernsehn
etwas kommt das mir Alpträume macht
(ich hab Angst davor) im Taxi einen Anfall zu kriegen
oder in der Schule zu sein wenn ich einen
Anfall kriege oder davor daß es mitten in einer Stunde
passiert oder wenn man was nicht kann dann lachen sie
oder fangen Streit an in der Schule oder eingesperrt werden
in einen Schrank. Daß man ertrinkt und ganz verschwindet.

was ich gerne mache
ich möchte gern daß große Brüder netter sind
ich reite gern und es macht unheimlich Spaß
zu reiten ich bin gern im Reitstall bei den Pferden
und meine Mama mag ich unheimlich gern weil sie
so nett ist und es ist Spitze im Reit-
urlaub es ist Spitze wenn man in der Schule
viele (neue? einige?) Sachen lernt.

Erläuterungen zur MBD

von Katarina Michelsson

Was ist MBD?

MBD ist eine Abkürzung des englischen Ausdrucks «Minimal Brain Dysfunction», den man mit dem Terminus «geringe Funktionsstörung des zentralen Nervensystems» übersetzen kann.*
MBD-Kinder sind dem Aussehen nach nicht von anderen Kindern zu unterscheiden. Ihre intellektuelle Kapazität weicht nicht von der Norm ab.
Ihrer Behinderung liegt eine so minimale Gehirnstörung zugrunde, daß nicht einmal Ärzte bei normalen Routineuntersuchungen etwas Auffälliges feststellen. Abweichungen vom üblichen Entwicklungsschema können nur in gründlichen Spezialuntersuchungen diagnostiziert werden.
Das zum Ausdruck «MBD» gehörige Wort «minimal» besagt, daß die Schädigung des Kindes an und für sich unwesentlich ist. Es handelt sich um eine Störung einzelner, äußerst diffiziler Hirnfunktionsmechanismen. Die Folgen dagegen, die diese Störung etwa für das Verhalten des Kindes und seine schulischen Leistungen hat, sind oftmals alles andere als minimal. Wird die Behinderung eines MBD-Kindes nicht rechtzeitig diagnostiziert und behandelt, so kann das katastrophale Auswirkungen auf die Anpassung des Kindes an unsere Gesellschaft haben, in der eine harte Konkurrenz im Schul- und Berufsleben herrscht.
MBD-Kinder hat es zu allen Zeiten gegeben, nur die Bezeichnungen haben variiert. Sie sind als dumm, faul, zurückgeblieben, schlecht erzogen, undankbar, unkonzentriert, neurotisch o. ä. betrachtet

* In Deutschland wird auch der Terminus «zerebrale Dysfunktion» (cerebral dysfunction) oder nur die Bezeichnung «Hirnfunktionsstörung» verwendet, womit die Symptomatik praktisch aller «Teilleistungsschwächen» abgedeckt ist. (Anm. d. Übers.)

worden. Erst vor knapp dreißig Jahren haben Wissenschaftler folgende Entdeckung gemacht: bestimmte Varianten von Hirnstörungen verursachen nicht unbedingt schwere Entwicklungshemmungen oder auffällige motorische Behinderungen, sondern können die Grundursache für Verhaltensbeeinträchtigungen und Teilleistungsschwächen sowie eine leichtere nervliche Vorbelastung sein.

In Schweden ist der Terminus MBD in den sechziger Jahren in den Sprachgebrauch übernommen worden. Informationen über die Existenz von MBD-Kindern haben sich jedoch sogar in Fachkreisen recht langsam weiterverbreitet. Das gängige skandinavische Lehrbuch der Kinderkrankheiten erwähnt zum Beispiel MBD zum erstenmal in einer Auflage von 1978. Unsere Gesundheitsberatungsstellen für Kinder, die am ehesten dafür in Frage kämen, MBD-Kinder frühzeitig aufzufangen, haben bis auf den heutigen Tag noch keine genauen Anweisungen erhalten, wie und auf welchen Altersstufen das zu machen ist.

Zugegebenermaßen fehlt bis auf weiteres eine exakte Definition, wann die Symptome eines Kindes tatsächlich die Bezeichnung MBD rechtfertigen. Man hat sogar die Ansicht vertreten, der Terminus sei überhaupt nicht anwendbar, da es sich nicht um ein einheitliches Krankheitsbild mit konstanten Symptomen handelt. MBD-Kinder unterscheiden sich alle im Verhalten, je nachdem, an welcher Stelle die Hirnstörung liegt und wieviel Raum sie einnimmt.

Trotz allem kann und muß man den Terminus verwenden, um klarzustellen, daß hier ein organischer, körperlicher Schaden vorliegt und nicht etwa durch psychische Faktoren oder Sozialisation verursachte Störungen. Aber da jedes MBD-Kind seine Verhaltenseigenarten hat und die Behandlung sich außerdem nach den jeweils dominanten Hirnstörungen richtet, kann man der Behinderung des Kindes am ehesten gerecht werden, wenn jede MBD-Diagnose mit einer sorgfältigen Beschreibung der Funktionsstörungen kombiniert wird, die im speziellen Fall vorliegen.

Vor fünfzehn Jahren ist MBD in den USA folgendermaßen definiert worden: Sie tritt auf bei Kindern mit fast normaler, normaler oder überdurchschnittlicher intellektueller Kapazität, deren Funktionsstörungen im zentralen Nervensystem vorwiegend Motorik, Verhalten, Ausdrucksvermögen, Lernvermögen, Gedächtnis und sprach-

liches Niveau in unterschiedlichen Kombinationen beeinträchtigen.
In Schweden ist man der Meinung, ein MBD-Kind sei auf mindestens drei der folgenden Funktionsbereiche gestört: Motorik, Lernvermögen, Gestaltungsvermögen und Verhalten. Das bedeutet also, daß ein ausschließlich verhaltensgestörtes Kind keine MBD haben kann. Weist das Kind aber außerdem sowohl motorische als auch begriffsmäßige Störungen auf, so kann man von MBD sprechen. Voraussetzung für die Bezeichnung MBD ist eine Häufung von Störungen auf unterschiedlichen Funktionsbereichen.

Motorische Störungen: Motorische Störungen können bei einem MBD-Kind in der Grob- als auch in der Feinmotorik auftreten. Unter Grobmotorik versteht man die Fähigkeit zum Gehen, Laufen, Springen und Klettern. Mit Feinmotorik wird die Fingerfertigkeit des Kindes sowie seine Fähigkeit, Buchstaben zu schreiben, zu zeichnen und mit einer Schere umzugehen, bezeichnet.
Motorische Störungen können auf Unreife zurückzuführen sein – wenn zum Beispiel ein Fünfjähriger erst die Fertigkeiten eines Dreijährigen hat; aber sie können auch durch eine leichte Gehirnstörung verursacht werden. Diese Kinder haben oft ungeschickte, langsame Bewegungen. Die gelenkige Geschmeidigkeit anderer Kinder fehlt ihnen. MBD-Kinder laufen nicht schnell, stolpern über ihre eigenen Füße und haben Schwierigkeiten, plötzlich stehenzubleiben oder die Richtung zu ändern. Schlittschuhlaufen, Ski und Fahrradfahren lernen sie nur mit Mühe.
Wenn die Feinmotorik eines MBD-Kindes gestört ist, sind Geschicklichkeitsspiele, das Bauen mit Legosteinen, das Zusammensetzen eines komplizierten Puzzles oder das Auffädeln von Holzperlen für es Dinge der Unmöglichkeit. Das Kind hat Schwierigkeiten, einen Stift zu halten und gerade Linien zu zeichnen, was sich beim Schreiben und beim Zeichnen bemerkbar macht. Das Anziehen dauert lange, und das Kind kann nur mit Mühe seine Schuhe zubinden oder ein Kleidungsstück knöpfen.
Die Störungen der Feinmotorik können eine einzelne Funktion betreffen. So kommt es zum Beispiel vor, daß ein MBD-Kind nicht nähen oder Perlen auffädeln kann, während es beim Puzzlespiel ganz geschickt ist.

Störungen der Perzeption (Sinneswahrnehmung): Unter Perzeptionsstörungen versteht man eine Beeinträchtigung der Fähigkeiten, die mit unseren fünf Sinnen gekoppelt sind – Sehen, Hören, Riechen, Schmecken und Fühlen. Obwohl die Sinne normal ausgebildet sind und das Kind vielleicht gut sieht und hört, kann es die Sinneseindrücke nicht koordinieren und zu einem sinnvollen Ganzen ordnen. Ein MBD-Kind erkennt weder Formen noch die Richtung, in der Buchstaben geschrieben sind. Es kann weder den Standort eines Gegenstandes im Raum ausmachen noch Abstände einschätzen. Es kann Figuren nicht vom Hintergrund unterscheiden und auch nicht perspektivisch sehen. Zwei Autos in unterschiedlicher Entfernung auf einer Straße sehen für das MBD-Kind wie ein großes und ein kleines Auto aus, beide gleich weit entfernt. Falls das Kind nicht einsieht, daß ein größeres Auto näher ist, kann es natürlich leicht in einen Verkehrsunfall verwickelt werden. Für ein Kind mit solchen Schwierigkeiten, Abstände zu erkennen, kann es auch unmöglich sein, einen Ball aufzufangen, den man ihm zuwirft.
Die Störungen können auch Lautwahrnehmungen betreffen. Dann hat das Kind Schwierigkeiten, unterschiedliche Geräusche aufzunehmen und zu differenzieren, wodurch es zum Beispiel die Schulstunden wie eine struktur- und pausenlose Geräuschkulisse wahrnimmt. Möglicherweise kann das Kind die Stimme des Lehrers nicht vom wirren Geräusch-Chaos unterscheiden, dem es in einer Klasse mit vielen Mitschülern in der Nähe einer verkehrsreichen Straße und bei zusätzlichen Geräuschen aus den Nebenzimmern ausgesetzt ist. In manchen Fällen nimmt das MBD-Kind nichts von dem auf, was der Lehrer vorne an seinem Pult erzählt. Wenn der Lehrer zum Kind geht und es direkt anspricht, dabei seinen Blick auffängt, wird er höchstwahrscheinlich bedeutend besser verstanden.
Die Unfähigkeit, zwischen ähnlichen Lauten zu differenzieren, läßt auch die Rechtschreibung zu einem Alptraum für MBD-Kinder werden. Wie können sie fehlerfrei schreiben, wenn sie zwischen den Konsonanten b-d-t-p, den Vokalen a-o-u oder e-i-ä keinen Unterschied heraushören? Das MBD-Kind kann die Reihenfolge der Wörter in einem Satz oder die der Buchstaben in einem Wort nur schwer erfassen.
Das MBD-Kind wird oft durch augenscheinlich minimale Reize

ungehalten. Manche Gerüche und Geschmacksrichtungen verträgt es nicht, falls es einen schärferen Geruchs- und Geschmackssinn als gleichaltrige Kinder hat. Auch der Tastsinn kann übermäßig ausgeprägt sein; dann wird das Kind aggressiv, sobald ein anderes Kind es auch nur anfaßt.
Körper- und Zeitgefühl des MBD-Kindes sind meist gestört. Es kann nicht auf seine einzelnen Körperteile zeigen oder rechts und links unterscheiden. Oben und unten, vorher und nachher, gestern und morgen sind auch Begriffe, die mit dem Hier und Jetzt und dem Verhältnis der eigenen Person zur Umwelt zusammenhängen. Wenn das Kind nach einem Milchglas greift, macht seine Hand ihm einen Strich durch die Rechnung und wirft das Glas um. Die Körperkräfte sind unkontrolliert, und Freunde, Geschwister und Haustiere bekommen vielleicht kräftigere Püffe ab als beabsichtigt.

Lernschwäche: Lernschwächen fallen meist erst in der Schule auf. Sie können mit den Wahrnehmungsstörungen in einem gewissen Zusammenhang stehen. Das Lesen- und Schreibenlernen ist nicht so leicht, wenn man Laute und Buchstaben nur undifferenziert wahrnimmt und nicht unterscheiden kann, in welche Richtung sie zeigen oder in welcher Reihenfolge sie stehen. Eine weitere Möglichkeit ist die, daß das Kind zwar Buchstaben versteht, nicht aber das Wort oder den Satz, zu dem sie zusammengesetzt sind. Dasselbe gilt natürlich auch fürs Rechnen.
Die Konzentrationsschwächen sind ein weiteres Handicap für den Lernprozeß. Das Kind kann auch auf Grund eines schwach ausgebildeten Gedächtnisses gleich wieder vergessen, was es gelernt hat. Oder es erinnert sich ausschließlich an ein winziges Detail und vergißt dabei das Wesentliche. Zum Beispiel erinnert sich das Kind genau, was für eine Farbe das Kleid der Lehrerin hatte, an die Aufgaben für den nächsten Tag aber gar nicht mehr.

Verhaltensabweichungen: Das Verhaltensmuster eines MBD-Kindes ist in hohem Grad von seinem Alter abhängig. Manche Verhaltensstörungen sind direkt auf Hirnschäden zurückzuführen, also primär, während andere sekundär sind, also später entstanden und durch schlimme Erfahrungen des Kindes – wie Versagens- und Miß-

erfolgserlebnisse – verfestigt. Mit zunehmendem Alter treten die sekundären psychischen Störungen im allgemeinen immer deutlicher hervor.
Der lästigste Verhaltenszug eines MBD-Kindes ist oft seine Hyperaktivität. Das Kind kann nie lange stillsitzen; es läuft unruhig durch die Gegend, faßt alles an und macht seine eigenen und fremde Spielsachen kaputt. Das Kind kann eine niedrige Reizschwelle haben und durch die geringste Stimulierung erregt werden. Es neigt zu Temperamentsausbrüchen und Aggressivität. Aber es kann auch zärtlich, anschmiegsam und gefügig sein. Das MBD-Kind wird oft seines Verhaltens wegen für schlimm und ungezogen gehalten. Aber der Grund für dieses Verhalten liegt meist in der Unfähigkeit des Kindes, zu erkennen, was es tun darf und was nicht. Das MBD-Kind lehnt auch häufig alles Neue und Ungewohnte ab.
Das Verhalten von MBD-Kindern varriiert ganz außerordentlich. Im allgemeinen verbindet man Lebhaftigkeit und Fahrigkeit mit MBD; aber MBD-Kinder können auch ruhig, geradezu passiv sein.

Sprachstörungen: Das MBD-Kind hat oft eine langsame Sprachentwicklung. Sprachstörungen sind keine Seltenheit, und das Kind kann sowohl einen Sprachfehler als auch eine unbeholfene Ausdrucksweise haben. Es findet die richtigen Wörter nicht und kann sie nicht in die richtige Reihenfolge bringen. Hinzu kommt die Schwierigkeit des Kindes, die richtige Lautstärke zu wählen, weshalb es oft schrill und übermäßig laut spricht. Manchmal sind MBD-Kinder ziemlich heiser, nachdem sie ihre Stimmbänder mit lautem, ununterbrochenem Reden überstrapaziert haben.

Wie viele MBD-Kinder gibt es?

Es existieren keine exakten Zahlenangaben über die Häufigkeit der MBD. Ursache hierfür ist in erster Linie das Fehlen einer einheitlichen und eindeutigen Definition, was unter MBD zu verstehen ist. In verschiedenen Ländern ist die MBD unterschiedlich definiert worden, wodurch man wiederum in manchen Ländern eine relativ größere Anzahl Fälle als in anderen konstatiert hat.

Ebensowenig bekannt ist, wie viele der MBD-Kinder geringfügig und wie viele schwer behindert sind. Aber es liegt auf der Hand, daß bei der MBD-Symptomatik eine große Variationsbreite möglich ist.
In Schweden hält man zwei bis sieben Prozent aller Kinder für MBD-krank. In den USA sind noch höhere prozentuale Angaben errechnet worden, je nach der MBD-Definition.
Gehen wir davon aus, daß zwei Prozent der Kinder in unserem Land MBD haben, so müßte es in Finnland heute über zwanzigtausend MBD-Kinder geben; also zehnmal mehr als spastisch Gelähmte oder Diabetiker, fünfmal mehr als schwer Gehörgeschädigte und doppelt so viele wie Asthmatiker. Die Gesellschaft hat sich um die Früherkennung, Behandlung und schulische Eingliederung von spastisch Gelähmten sowie vieler anderer Kindergruppen mit chronischen Leiden verdient gemacht. Nur die MBD-Kinder sind dabei vergessen worden. Dabei beträgt der Anteil an MBD-Kindern voraussichtlich eher fünf als zwei Prozent all unserer Kinder.

Wodurch wird die MBD verursacht?

Man kann nicht mit Sicherheit sagen, wodurch die MBD verursacht wird. Alles deutet darauf hin, daß Faktoren während der Schwangerschaft oder Geburt oder Krankheiten des Neugeborenen die organischen Schäden verursachen, die zu den Hirnfunktionsstörungen führen. Während der Schwangerschaft können z. B. eine Infektion der Mutter, bestimmte Faktoren oder Krankheitszustände die Ernährung des Embryos durch die Plazenta negativ beeinflussen. Sauerstoffmangel während der Geburt – zum Beispiel durch Einklemmen der Nabelschnur – ist als Ursache für geringe oder auch schwere Gehirnschäden erkannt worden.
MBD tritt beim männlichen Geschlecht etwa fünfmal häufiger auf als beim weiblichen. Die Bedeutung von Erbfaktoren ist als Ursache für den großen Unterschied in der Anzahl von Knaben und Mädchen mit MBD angeführt worden. Aber dieser Unterschied kann auch daher rühren, daß Knaben für leichte Schädigungen im embryonalen Zustand anfälliger sind als Mädchen.

Wer kann die Diagnose stellen?

Die Eltern des MBD-Kindes haben meist als erste den Verdacht, daß etwas mit ihrem Kind nicht stimmt. Das Kind kann ein Spätentwickler sein, etwa wenn es später als üblich sprechen und laufen lernt. Es kann ungewöhnlich ungeschickt sein oder den Eltern durch seine Aggressivität und Unkontrolliertheit Sorgen bereiten.

Leider dauert es oftmals lange, bis die Eltern die Bestätigung ihres Verdachts erhalten. Das Kind sieht völlig normal aus; bei gewöhnlichen ärztlichen Untersuchungen wird nichts Auffälliges festgestellt. Deshalb fertigt der Arzt die beunruhigten Eltern vielleicht mit den Worten ab: «Immer mit der Ruhe, mit der Zeit gibt es sich schon.» Es ist meist völlig richtig, daß die MBD-Symptome mit den Jahren geringer werden, ja sogar ganz verschwinden können. Aber Eltern, die sich wegen des abweichenden Verhaltens ihres Kindes Sorgen machen, erwarten konkrete Informationen und Hilfe vom Arzt.

Die Diagnostizierung der MBD muß von Experten auf diesem Gebiet vorgenommen werden. Dafür ist die Zusammenarbeit von Fachkundigen aus verschiedenen Berufsfeldern erforderlich, wie Kinderärzte oder -neurologen, Kinderpsychiater, Psychologen und Logopäden, Sozialarbeiter, Physiotherapeuten und Lehrer.

Die Tatsache, daß viele Eltern von MBD-Kindern die Diagnose als Erleichterung empfinden, spricht deutlich genug für die Tatsache, daß sie viel zu spät erfolgt. Die Eltern haben reichlich Zeit, sich Sorgen über das abweichende Verhalten ihres Kindes zu machen, und nähren jahrelang den Verdacht, irgend etwas sei nicht ganz in der Ordnung. Das Verhalten des Kindes kann zu Konflikten der Eltern untereinander und zu Streitigkeiten über die Erziehungsmethode führen. In den meisten Fällen hat die Mutter mit Beschuldigungen ihrer Umgebung zu kämpfen. Da ist es ganz natürlich, daß die Bestätigung, es handle sich um einen organischen Fehler, als Erleichterung empfunden wird. Dadurch wird klargestellt: weder das Kind noch die Eltern tragen die Schuld an seinem abweichenden Verhalten; es liegt kein Erziehungsfehler vor. Hätte das Kind in einem früheren Stadium seine Diagnose erhalten, so wäre vieles vermieden worden.

Wie äußert sich die MBD?

Welche Symptome das MBD-Kind aufweist, hängt sowohl von der örtlichen Lage als auch vom Ausmaß des Hirnschadens ab. Auch die Definitionen medizinischer Experten zur Art der Funktionsstörungen, die diese Diagnose bestätigen, variieren.
Die Symptome eines MBD-Kindes sind in hohem Maße vom Alter abhängig. Bevor man die eventuelle Verhaltensabweichung eines Kindes feststellen kann, muß geklärt sein, wie sich normale Kinder im allgemeinen entwickeln. Es genügt nicht zu wissen, welche Leistungen der Durchschnitt in welchem Alter erbringt; man muß auch wissen, wo die Grenzen der Norm liegen. Zum Beispiel lernen Kinder zumeist mit etwa einem Jahr laufen. Wenn ein anderthalb Jahre altes Kind noch nicht gehen kann, ist abzuwägen, ob dies noch in den Bereich des Normalen fällt.
Eine Beschreibung des Auftretens von MBD-Kindern auf unterschiedlichen Altersstufen kann lediglich Richtlinien an die Hand geben. Vieles Geschilderte kann durchaus in den Bereich des für dieses Alter Normalen fallen. Das MBD-Kind weist stets eine Häufung unterschiedlicher Symptome auf. Andererseits würde man nicht sämtliche hier erwähnten Auffälligkeiten an einem Kind finden.

Das Kleinkind. Für einen Arzt ist es schwer, oft sogar unmöglich, die Diagnose MBD bei Kleinkindern zu stellen. Im frühen Stadium haben sich die Teilleistungsschwächen des MBD-Kindes noch nicht ausgebildet und können demnach noch nicht untersucht werden. Darunter fallen Schwerfälligkeit, mangelnde Fingerfertigkeit, Perzeptionsstörungen und Lernschwächen.
Obwohl man die MBD nur selten in frühem Alter diagnostizieren kann, ist es Ärzten möglich, auf Funktionsstörungen hindeutende Zeichen zu erkennen. Das Kind kann übermäßig schreien und nachts schlecht schlafen. Trink- und Atembeschwerden sind keine Seltenheit. Aber man darf nicht vergessen, daß völlig normale, gesunde Säuglinge oft monatelang zum Schreien neigen.
Die motorische Entwicklung des MBD-Kindes ist meist verzögert; es lernt später als der Durchschnitt sitzen, stehen und laufen. Es kleckert am Eßtisch, hat länger Schwierigkeiten, selbständig mit dem Löffel zu essen und aus einer Tasse zu trinken.

Die Sprachentwicklung kann auch verspätet erfolgen, und wenn das Kind endlich zu sprechen anfängt, macht es Fehler sowohl in der Aussprache als auch in der Satzbildung.
In diesem Alter verläuft die Entwicklung jedoch so unterschiedlich, daß sehr schwer zu entscheiden ist, was als Abweichung vom normalen Entwicklungsschema angesehen werden kann.

Kindergartenalter. Im Alter von drei, vier Jahren aufwärts sind Abweichungen auf mehreren Funktionsbereichen schon leichter feststellbar. Das MBD-Kind ist oft ungeschickt und stolpert in einem fort. Es hat unübersehbare Schwierigkeiten, Schlittschuh laufen, Ski laufen und Fahrrad fahren zu lernen. Auf jeder Geburtstagsparty wirft es sein Limonadenglas um und versteht nicht, warum die Erwachsenen mit ihm schimpfen, da es ja nicht etwa absichtlich etwas falsch gemacht hat.
Im Kindergartenalter ist die Hyperaktivität oftmals der hervorstechendste und lästigste Zug des MBD-Kindes. Bei besonders lebhaften Kindern ist dieses Verhalten so ausgeprägt, daß man eine Anormalität feststellen kann, wenn man dem Kind beim Spielen zusieht. Es geht rasant von einer Aktivität zur nächsten über, beschäftigt sich nicht lange mit einer Sache und bringt etwas Angefangenes selten zu Ende. Ein geringer gestörtes MBD-Kind ist nicht so leicht auf Grund seiner Lebhaftigkeit zu erkennen.
Ein MBD-Kind verträgt keine Mißerfolge. Dies kann die Ursache dafür sein, daß das Kind Vorschläge der Eltern zu neuen Beschäftigungen oft ablehnt, ohne es erst damit zu versuchen. Eine Unterbrechung der täglichen Routine oder eine Veränderung der Umgebung kann beim MBD-Kind zu panikartigen Reaktionen führen.
Das MBD-Kind ist häufig aggressiv. Auf Grund seiner Impulsivität wirft es unmotiviert Steine oder Spielsachen nach anderen Kindern. Es macht auch – unabsichtlich – das meiste, was ihm unter die Finger kommt, kaputt. Nicht selten verbieten benachbarte Eltern ihren Kindern sogar, mit einem so ungezogenen Kind zu spielen oder es nach Hause mitzubringen.
Die Eigensinnigkeit und das unersättliche Zuwendungsbedürfnis des Kindes sind auch ermüdend für seine Umgebung. Es verlangt ständige Beaufsichtigung, nicht zuletzt deshalb, weil ihm jegliches Gefühl für Gefahren abgeht. Das Kind lehnt sich weit aus dem Fen-

ster oder klettert auf hohe Dächer. Es begibt sich auf lange Irrfahrten mit Zug oder Bus und wird in weiter Entfernung vom Elternhaus wiedergefunden.
Im Kindergarten kommt das MBD-Kind mit kaum einer der alltäglichen Beschäftigungen zurecht, die man sich von den Kindern erwartet. Es kann weder stillsitzen, wenn vorgelesen wird, noch zeichnen oder mit der Schere Muster ausschneiden; es kann weder Perlen auffädeln noch nähen oder modellieren. Es lernt keine Spiele und Lieder und kann deswegen auch nicht an den Gruppenaktivitäten teilnehmen.
Das Kind hängt sich an die Röcke der Kindergartentante und will ungeteilte Aufmerksamkeit. Wenn die Kindergärtnerin keine Zeit hat oder ihm gerade nicht zuhören kann, besteht noch die Möglichkeit, daß es plötzlich schlimmes Bauchweh bekommt. Da wird das Kind gleich von einem Erwachsenen getröstet und steht wieder im Zentrum der Aufmerksamkeit, nach der es sich sehnt.
Das MBD-Kind bringt seine jeweilige Beschäftigung im Kindergarten selten zu Ende; entweder weil es so langsam ist, daß die Kindergärtnerin keine Zeit hat, zu warten, oder weil das Kind selbst nicht genügend Durchhaltevermögen hat, sich lange mit einer Sache zu befassen.
Manchmal macht sich bereits in diesem Alter eine gewisse Perseveration, Wiederholung von Tätigkeiten, bemerkbar. Wenn das Kind eine Sache anfängt, kann es nicht mehr aufhören und wiederholt sich immer wieder, in unendlicher Reihenfolge. Zeichnet es zum Beispiel einen Kreis auf ein Blatt Papier, so ist bald das ganze Blatt voller Kreise, die sich anschließend auf Tisch, Boden und Wänden fortsetzen.
Wenn die Kindergruppe auf den Spielplatz hinausgeht, hat das MBD-Kind Schwierigkeiten mit dem Anziehen; es kann vorne und hinten, rechts und links nicht unterscheiden und seine Knöpfe nicht zumachen. Das Anziehen dauert lange, und manchmal kommt das Kind ohne die Hilfe eines Erwachsenen überhaupt nicht an die frische Luft.
Es kommt vor, daß die Kindergärtnerin sich nach einer Weile nicht mehr zu helfen weiß und den Kontakt mit dem Elternhaus aufnimmt. Ist die Behinderung des Kindes nicht erkannt worden, so wird die Ursache für das auffällige Verhalten des Kindes vielleicht

einfach in schlechtem Benehmen gesucht und den Eltern die Schuld gegeben.
In diesem Alter ist die MBD immer noch schwer zu diagnostizieren. Bei einem Arztbesuch ist das Kind nicht zur Zusammenarbeit zu bewegen; eine Untersuchung kann schlichtweg unmöglich sein. Der Krankenschein fliegt durch die Gegend, und das Stethoskop wird mit Vaseline verschmiert. Versucht der Arzt trotzdem energisch, das Kind zu untersuchen, so schlägt der kleine Patient nach Leibeskräften um sich oder flüchtet unter lautem Gebrüll ins Wartezimmer. Höchstwahrscheinlich wird ein Psychologe oder Kinderpsychiater auch nicht mehr Glück haben.

Schulalter. Im Schulalter tritt die Behinderung des MBD-Kindes am deutlichsten zutage, und der Umgang damit wird immer schwieriger. Die Schule ist nicht selten der erste Ort, an dem das Kind mit Forderungen konfrontiert wird, denen es nicht nachkommen kann. Das Kind soll stillsitzen, dem Lehrer zuhören, schreiben, rechnen und lesen lernen, etwas auswendig lernen, Symbole und abstrakte Begriffe verstehen, seine Bewegungen in der Turnstunde koordinieren und vieles mehr. Es wird vor Aufgaben gestellt, denen es nicht gewachsen ist. Es muß die Erfahrung machen, immerzu am schlechtesten, langsamsten, lautesten und auffälligsten zu sein.
Das Kind kann an Eltern oder Lehrer geraten, die es, weil sie seine Behinderung nicht bemerken, überfordern oder zu wenig beanspruchen. Manche Erwartungen des Lehrers kann das Kind auf Grund seiner Spätentwicklung einfach nicht erfüllen. Andererseits wird das Kind im Unterricht oft völlig ignoriert, wenn der Lehrer die Hoffnung aufgegeben hat, ihm jemals etwas beibringen zu können. Vielleicht schreibt der Lehrer sich auch selbst die Schuld am Verhalten des Kindes zu und nimmt aus Furcht vor Kritik keinen Kontakt zu den Eltern auf. Der Schularzt, der unter Schweigepflicht steht, sagt nichts oder merkt nichts.
Um nicht zur Schule gehen zu müssen, klagt das MBD-Kind morgens oft über Kopf- oder Bauchweh. Manche MBD-Kinder drücken sich monatelang unter Hinweis auf verstauchte Knöchel oder Knie vor dem Turnunterricht.
Den Mitschülern fällt es oftmals schwer, ein Kind zu akzeptieren,

das sich merkwürdig verhält, obwohl es aussieht wie alle anderen. Da ist es schon leichter, eine Behinderung zu akzeptieren, die man dem Kind ansehen kann.
In den ersten Schuljahren hängt die Beliebtheit des Kindes im Freundeskreis ganz von bestimmten Leistungen ab, die das MBD-Kind nicht erbringen kann. Kleine Mädchen können seilspringen und Gummitwist hüpfen, die Jungen Ball spielen. Die Schwierigkeiten des MBD-Kindes, Spielregeln zu verstehen, kommen zu seiner Ungeschicklichkeit hinzu. Ergebnis ist, daß das Kind vom Rest der Klasse nicht akzeptiert wird und Demütigungen ertragen muß; zum Beispiel wird es in der Turnstunde immer als letztes und nur widerwillig in eine Mannschaft gewählt.
Nicht selten wird das MBD-Kind zum Außenseiter, an dem die anderen Kinder ihre Aggressionen auslassen. Es ist ein leichtes Opfer, das ohne große Anstrengung zum Lachen oder Weinen zu bringen ist. Die Mitschüler merken rasch, wie leicht es sich ausnützen läßt.
Bekommt das MBD-Kind trotz hartnäckiger Versuche nicht die gewünschte Anerkennung von Gleichaltrigen, so hält es Ausschau nach anderen Kindern, bei denen es mehr Erfolg hat. In Gesellschaft jüngerer Kinder fühlt sich das spätentwickelte MBD-Kind eher unter seinesgleichen. Leider kann es diese Erfahrung auch in Cliquen asozialer Jugendlicher machen, die sich auf der Straße herumtreiben, am Rande der Legalität. Mit einigem Pech kann es in Alkohol- und Drogenkonsum oder in Kriminalität verwickelt werden.

Das Leben als Erwachsener. Es existieren kaum Untersuchungen, die dem MBD-Kind bis ins Erwachsenenalter folgen. Man weiß jedoch, daß die Hyperaktivität mit den Jahren nachläßt und das MBD-Kind bereits mit zwölf, vierzehn Jahren kontrollierter wird. Aber seine Rechtschreibschwäche behält es wohl bei, und das Lesen geht vermutlich weiterhin nur langsam. Möglicherweise spielt das jedoch keine so große Rolle mehr, und viele werden einen Beruf und eine Lebensweise gefunden haben, mit der sie zufrieden sind.
Wahrscheinlicher ist aber doch, daß der Beruf des MBD-Erwachsenen seinem intellektuellen Niveau nicht entspricht. Hat sein Selbst-

vertrauen bereits zu viele Attacken hinnehmen müssen, so entscheidet die Versagensangst auch über die Berufswahl.
Bestimmte amerikanische Studien berichten von erschreckenden Ergebnissen, denen zufolge viele MBD-Kinder als Erwachsene in psychiatrischen Anstalten oder im Gefängnis enden. Das Wissen um solch katastrophale Folgen dieser Behinderung sollte uns zur Einsicht bringen, wie wichtig die Früherkennung und Behandlung dieser Krankheit ist.
Es ist höchste Zeit, daß die gesellschaftlichen Einrichtungen sich der Hilfe und Förderung dieser großen Gruppe von Kindern annehmen und die entsprechenden Schritte unternommen werden.

Behandlung – ist das nicht überflüssig?

Die meisten MBD-Kinder überwinden ihre Leistungsschwächen mit den Jahren teilweise oder sogar ganz. Sie können den Vorsprung gleichaltriger Kinder aufholen, weil sie reifer werden und lernen, ihre Schwächen zu kompensieren. Da kann man sich fragen, ob eine Diagnostizierung und Behandlung überhaupt notwendig ist; wird das Kind dadurch nicht unnötig als «unnormal» abgestempelt? Oder es werden ihm überflüssigerweise diverse Therapieprogramme aufgezwungen, die ohne sichtbares Ergebnis lediglich die Freizeit des Kindes einschränken.
Denkbar wäre, daß eine Untersuchung und Behandlung von MBD-Kindern nur dann gerechtfertigt ist, wenn die Eltern sich über die Entwicklung des Kindes Sorgen machen oder das Kind selbst unter seiner Behinderung zu leiden hat. Das hieße jedoch, mit der Behandlung so lange zu warten, bis das Problem unübersehbar zutage tritt. Ohne Zweifel ist das Vorbeugen von Problemen im Anfangsstadium durch Früherkennung und Therapie eine geeignetere Alternative.
Wird die Behinderung nicht erkannt und das Kind normal eingeschult, so dauert es höchstens drei Jahre, bis das Selbstbewußtsein des Kindes so beeinträchtigt wurde, daß es jedes Interesse am Unterricht verliert. Die einzige Möglichkeit, dieser Aussicht vorzubeugen, besteht in Früherkennung und Aufklärung über die Behinderung und ihre Behandlung.

Natürlich wissen die Ärzte heute mehr als vor zehn Jahren, und in weiteren zehn Jahren wird das Wissen über die MBD-Problematik noch fundierter sein. Wie und in welchem Alter MBD-Kinder am besten zu behandeln sind, kann erst detailliert beantwortet werden, wenn die Ergebnisse längerfristiger Untersuchungen zu verschiedenen Behandlungsmethoden vorliegen.

Dr. Katarina Michelsson

Literaturhinweise

Accardo, P. J.: A Neurodevelopmental Perspective on Specific Learning Disabilities. University Park Press, Baltimore, Maryland 1980

Gillberg, C., & Rasmussen, P.: Perceptual, motor and attentional deficits in six-year old children. Epidemiological aspects. Journal of Child Psychology and Psychiatry, 1981

Gordon, N., & Mc Kinlay, I.: Helping Clumsy Children. Churchill & Livingstone, Edinburgh, London, New York 1980

Levine, M. D., Brooks, R., & Shonkoff, J. P.: A Pediatric Approach to Learning Disorders. John Wiley & Sons, New York, Chichester, Brisbane and Toronto 1980

Michelsson, K., Ylinen, A., & Donner, M.: Neurodevelopmental screening at five years of children who were at risk neonatally. Developmental Medicine and Child Neurology, Nr. 23, 1981, S. 427–433

Rie, H. E., & Rie, E. D. (Hrsg.): Handbook of Minimal Brain Dysfunction. A Critical View. John Wiley & Sons, New York, Chichester, Brisbane, Toronto 1980

Im deutschsprachigen Raum:

Graichen, Johannes: Teilleistungsschwächen in den hierarchisch-sequentiellen auditiven, kinästhetischen und rhythmischen Regulationssystemen der Sprachproduktion, in: Lotzmann, Gert (Hrsg.): Aspekte auditiver, rhythmischer und sensomotorischer Diagnostik, Erziehung und Therapie. (= Erziehung und Psychologie. Beihefte zu: Psychologie in Erziehung und Unterricht, 74) Reinhardt; München, Basel 1978

Lempp, Reinhart: Frühkindlich-hirnorganisch bedingte Lernstörungen und ihre Behandlung, in: Nissen, Gerhardt (Hrsg.): Intelligenz, Lernen und Lernstörungen, Springer; Berlin, Heidelberg, New York 1977 (S. 184–195)

Robyn Davidson
Spuren *(5001)*

Margaret Drabble
Gold unterm Sand
Roman (4262)
Porträt einer Tüchtigen *(4928)*

Françoise d'Eaubonne
Das Geheimnis des Mandeplaneten
Ein Science-fiction-Roman (4253)

Isabelle Eberhardt
Sandmeere 1
Tagwerke im heißen Schatten des Islam (5231) Oktober '83

Monika Feth
Examen *(4569)*

Barbara Frischmuth
Die Klosterschule
(4469)

Consuelo Garcia
Luis im Wunderland
Roman (5049)

Charlotte Perkins Gilman
Herland *(4607)*

June Goodfield
Kopfwelten
Die Geschichten einer Entdeckung (5098)

Evelyne und Claude Gutman
In der Mitte des Betts
Roman (4143)

Christine Haidegger
Zum Fenster hinaus
(4494)

Aritha van Herk
Alle meine Schweine
(4968)

Sylvya Hoffmann
Kältetraining *(4892)*

Maryse Holder
Ich atme mit dem Herzen *(4620)*

Margit-Heide Irgang
Einfach mal ja sagen
Eine Geschichte (4767)

Eva Jones
Dreizehn
Roman (4413)

Diana Kempff
Fettfleck
Roman (4666)

Sarah Kirsch
Die Pantherfrau
Fünf Frauen in der DDR (4216)

Alice Koller
Inselzeit
Roman (5075)

Liv Koltzow
Die Geschichte des Mädchens Eli
Roman (4323)

Lauf, Mann! *(4879)*

Joyce Reiser Kornblatt
Zerschnittene Fäden
(5014)

Margot Lang (Hg.)
Mein Vater
Frauen erzählen vom ersten Mann ihres Lebens (4357)

Violette Leduc
Die Bastardin
Vorwort von Simone de Beauvoir (4179)

Aïcha Lemsine
Die Entpuppung
Ein Entwicklungs-roman (4402)

Doris Lessing
Der Sommer vor der Dunkelheit
Roman (4170)

Vilma Link
Vorzimmer *(4382)*

Margaret Logan
Eine Tour zum Horzont
Auf Rädern von Paris nach Rom (4794)

Lizzy Sara May
Vater und Tochter
(4244)

Blanche McCray Boyd
Trauer über den Tod der Magie *(4480)*

Margaret Mead
Brombeerblüten im Winter
Ein befreites Leben (4226)

Isabel Miller
Patience & Sarah
Roman (4152)

Kate Millett
Im Iran *(5062)*
Fliegen
Flying (5156) Juni '83

Herdis Mollehave
Le und die Knotenmänner
Roman (4689)
Lene
Roman (5086)

Toni Morrison
Sehr blaue Augen
Roman (4392)

Maria Nurowska
Jenseits ist der Tod
Roman (4781)

Karin Petersen (Ma Prem Pantho)
Ich will nicht mehr von dir, als du mir geben magst
Monate in Poona und Oregon (5147)

Erika Pluhar
Aus Tagebüchern
(4865)

Helma Sanders-Brahms
Deutschland, bleiche Mutter
Filmerzählung (4453)

Emma Santos
Ich habe Emma S. getötet *(4161)*

Herrad Schenk
Abrechnung *(4424)*

Maria Scherrer
Pas de deux
(4918)
Silbertrompete
Roman (5110)

Cornelia Schmalz-Jacobsen
Klimawechsel
Berichte aus dem politischen Parterre (4713)

Majorie Shostak
Nisa erzählt *(4978)*

Victoria Thérame
Die Taxifahrerin
(4235)
Die Pianistin (4958)

Märta Tikkanen
Wie vergewaltige ich einen Mann? *(4581)*
Die Liebesgeschichte des Jahrhunderts
(4701)
Aifos heißt Sofia
Leben mit einem besonderen Kind (5166) Juli '83

Ester Tusquets
Aller Sommer Meer
(4519)
Die Liebe ist ein seltsames Spiel
(4989)

Maria Wimmer
Die Kindheit auf dem Lande *(4291)*

Sandra Young
Ein Rattenloch ist kein Vogelnest
Geschichte einer schwarzen Jugend (5188) September '83

1075/5f

1000/2

978/2